Divino de São Lourenço / ES,
1ª edição no outono de 2018

Biodanza com crianças
um caminho para o mundo biocêntrico

Beatriz Câmara
Julia Rodrigues

© BIODANZA COM CRIANÇAS - UM CAMINHO PARA O MUNDO BIOCÊNTRICO
2017 by BEATRIZ CÂMARA E JULIA RODRIGUES
1ª edição abril/2018
Direitos desta edição reservados à
SEMENTE EDITORIAL LTDA.

Av. José Maria Gonçalves, 38 – Patrimônio da Penha
29.590-000 Divino de São Lourenço / ES.

Rua Soriano de Souza, 55 casa 1 – Tijuca
20.511-180 Rio de Janeiro/RJ
(21) 9.8207.8535 (21) 2578.4484

contato@sementeeditorial.com.br
www.sementeeditorial.com.br

Produção editorial: Estúdio Tangerina
Ilustração da capa: Sandra Ronca
Edição, projeto gráfico e capa: Lara Kouzmin-Korovaeff
Fotógrafa: Daniela Conti

Conselho editorial:
Constantino Kouzmin-Korovaeff
Lara Kouzmin-Korovaeff
Mirian da Silva Cavalcanti

C172b

Câmara, Beatriz
    Biodanza com crianças: um caminho para o mundo biocêntrico / Beatriz Câmara e Julia Rodrigues. - 1. ed. - Divino de São Lourenço, ES : Semente Editorial, 2018.
    132 p. : il. ; 21 cm

   ISBN 978-85-63546-56-2

   1. Biodança 2. Terapia pela dança. I. Rodrigues, Julia. II. Título.

CDD: 615.85155

A Rolando Toro, por nos presentear com a Biodanza.

Aos nossos filhos, fontes de inspiração! Para eles, nossos frutos e o desejo de um mundo mais biocêntrico.

Beatriz & Julia

"Amo, logo existo!"

Rolando Toro

Sumário

Apresentação, 9
Biodanza com crianças em Niterói, 15
A infância - A construção de um conceito, 21
    Pré-história, 23
    Idade Média, 25
    Idade Moderna, 27
    Contemporaneidade, 29
O Sistema Biodanza, 33
    O educador Rolando Toro, 33
Biodanza - a dança da vida, 37
Conceitos fundamentais em biodanza, 43
    Princípio Biocêntrico, 43
    Modelo teórico de Biodanza, 45
    Vivência, 49
    Linhas de vivência, 51
Biodanza com crianças, 53
    A criança contemporânea, 53
    A prática com crianças, 57
    Objetivo nas aulas, 59
Facilitador de Biodanza com crianças, 60
Biodanza - um processo pedagógico, 65

BIODANZA NAS ESCOLAS, 69
  Biodanza na AEN, 69
  Depoimento da escola AEN, 73
  Biodanza na creche-escola Ueriri, 75
  Depoimento da creche-escola Ueriri, 78
E A PRÁTICA COMO SERIA?, 81
  Aula Foco 1, 84
  Aula Foco 2, 87
  Aula Foco 3, 89
  Aula Foco 4, 91
  Aula Escuta 1, 93
  Aula Escuta 2, 95
  Aula Árvore 1, 97
  Aula Árvore 2, 99
  Aula Árvore 3, 101
  Aula Árvore 4, 103
  Aula Árvore 5, 104
  Aula com famílias, 106
  Lista de sugestões de músicas, 108
O QUE DIZEM DA BIODANZA COM CRIANÇAS?, 111
SOBRE NÓS / PALAVRAS DAS AUTORAS, 118
  Beatriz Câmara, 118
  Julia Rodrigues, 121
AGRADECIMENTOS, 125
REFERÊNCIAS BIBLIOGRÁFICAS, 126

"O contato é a ação terapêutica mais importante. Encontrar o caminho através do qual todos, desde crianças até a idade mais avançada, tenham acesso à afetividade é, talvez, a única revolução que faz sentido." Rolando Toro

Apresentação

Pelo grau de importância na formação e educação infantil, o trabalho de Biodanza com crianças precisava ser apresentado à comunidade. Sabemos, em teoria, não bastar uma escola formal, com conteúdos puramente cognitivos, em seu sentido restrito. No entanto, ainda testemunhamos um conservadorismo explícito ou disfarçado de teorias educacionais modernas, nada avançando para contribuir na formação ético-afetiva de nossas crianças.

Sempre fui contrária à ideia de fragmentação instituída por nossa cultura, ao oferecer educação padrão, formatada, obedecendo a leis que privilegiam a razão, esquecendo-se do homem total. E me pergunto até hoje onde está assegurado espaço para esse ser integrado, percebido e respeitado na sua imanência e transcendência, na sua corporeidade e emocionalidade (ainda que sejam unidade, não fosse a insistência perversa de nossa cultura em nos cindir), na garantia do saber intelectual, mas também da sabedoria para viver.

Como a atualidade vem rechaçando os sentimentos, o direito à sua expressão legítima, privilegiando o corpo físico em detrimento do corpo emocional e simbólico, urge pensar em um caminho capaz de conduzir à saúde integrada do ser humano.

A Biodanza começou com doentes mentais e estendeu-se a adultos, *a priori*, e foi ganhando sentido em sua aplicação com crianças e adolescentes. Por quê? Porque se ela parte dos pressupostos de reaprendizagem à luz do Princípio Biocêntrico, por que não começar a favorecer nossas crianças, dando-lhes oportunidade de aprender desde a mais tenra idade (e não reaprender) aquilo que como adultos buscamos para dar à vida e ao ser uma existência plena de sentido, evitando, assim, a catástrofe advinda dos distúrbios psíquicos?

Quando soube da iniciativa das autoras em promover um grupo infantil de Biodanza, senti-me agraciada, porque vi a Biodanza com a valorosa oportunidade de plantar sementes e colher seus frutos.

Quem ganha com isso? Primeiramente as crianças, claro! E, na sequência, famílias e sociedade, com verdadeiras chances de transformação – a luz buscada no fim do túnel.

O trabalho desenvolvido por essas duas visionárias precisava de notoriedade. É necessário que famílias e também escolas conheçam a potência desse trabalho que prima por favorecer o desenvolvimento integrado da criança, elevando os níveis de saúde psicofísica e levando à verdadeira educação de princípios éticos, formadores do ser social e ecológico tão almejado, mas pelo qual pouco se faz, porque falta, de fato, uma metodologia capaz de favorecer vivências motivadoras e efetivas para isso.

Em que lugar se encontram estímulos para reforçar a verdadeira identidade da criança, sem a pressa de enquadrá-la nos quesitos demandantes da nossa sociedade mercantilista? Em que lugar se encontram meios para vincular a criança a seu semelhante, sem competição danosa; ao contrário, com camaradagem, admiração e respeito às diferenças? Em que lugar se encontram convites para tornar o corpo integrado nos aspectos motor, emocional e intelectual, através de linguagem lúdica, carinhosa, sensível, sincera? A resposta é na Biodanza.

As palavras integração, harmonia, sensibilidade, criatividade, entre outras, ganham corpo, vida, em aulas de Biodanza. E através desse processo inovador pode-se ter esperança de transmutação de valores e comportamentos para uma vida onde a saúde, a alegria, a conexão entre as pessoas e o ambiente sejam naturalmente a meta.

Acompanho esse trabalho através das autoras e famílias que acreditam poderem as relações ser cuidadas com amor em pequenas atitudes. Conheço os resultados e aplaudo a iniciativa de torná-lo público para que se conheça com que seriedade e competência as autoras o abraçaram e o conduzem com maestria.

Hedilane Alves Coelho
Facilitadora Didata de Biodanza

Desenho da Valentina / 7 anos

O começo de tudo
Biodanza com crianças em Niterói

Beatriz Câmara e Julia Rodrigues

> "*La ternura humana tiene una indudable acción terapéutica. Pero en el vínculo primordial, y antes de llegar a ser una fuerza sanadora, es el nexo que estructura la vida, el continente amoroso que moldea las bases de la identidad.*" Cecilia Luzzi

É impossível começar este livro escrevendo sobre outra coisa que não o nascimento do grupo que serviu de inspiração ao longo deste processo de escrita.

Em 2014 surgiu o desejo de trabalhar com crianças na Biodanza, incorporando a experiência que já tínhamos tanto como pedagoga quanto como psicóloga.

Quando decidimos abrir um grupo de Biodanza com crianças, a ideia inicial era de acontecesse no Rio de Janeiro. Mas a energia deu-se em Niterói, cidade onde uma de nós reside. Um grupo de pais e mães já adeptos da Biodanza, ao saberem de nosso desejo, pediram que o grupo fosse aberto nessa cidade, pois queriam proporcionar às suas crianças – eram oito! –

que presente. Abraçamos o convite da vida, e no dia 01 de outubro de 2014 o grupo começou.

Por ser uma data próxima ao Dia das Crianças, o nosso chamado, na época, era para que os pais e mães pudessem presentear seus filhos(as) com a Biodanza. O nosso chamado é o mesmo até hoje. Sim, a Biodanza é um presente! Na nossa opinião, um dos melhores a se oferecer a nós mesmos e às nossas crianças.

As aulas aconteciam no Pilates Jardim, em Santa Rosa, onde também acontecem grupos regulares para adultos, um deles facilitados também por uma de nós. Um espaço onde as mães e os pais podem fazer Biodanza. A casa é muito acolhedora e aconchegante e tem um jardim interno propício a muitas vivências ao ar livre com as crianças.

Como, na época, nós duas não tínhamos ainda a especialização em Biodanza com crianças, contamos com a supervisão e ajuda de uma grande amiga e facilitadora, Denizis Trindade, que abraçou o convite da vida conosco e nos acompanhava em todas as aulas, dando suporte e facilitando.

Um tempo depois, Denizis precisou se afastar devido a um problema pessoal, mas manteve as supervisões até uma de nós concluir a especialização. Afastou-se fisicamente mas continua presente em nosso olhar e em tudo aprendido com ela. Na sua doçura e afetividade, na sua entrega e companheirismo.

As primeiras aulas foram realizadas com as famílias, de modo a facilitar a criação do vínculo de confiança, e somente aos poucos as crianças passaram a participar e a ter um espaço de expressão somente delas.

De lá para cá algumas crianças entraram e outras saíram, pulsando no movimento de vida. No entanto, até hoje, temos crianças que fazem parte desde o núcleo de formação do grupo.

Com essa experiência pudemos perceber o quanto as trocas são contínuas e o quanto nossa escuta vai sendo apurada. Foi preciso nos adaptar e adaptar as aulas em muitos momentos, e tudo muda de acordo com o estado do grupo em determinadas situações. Lá elas podem expressar suas alegrias, tristezas, raivas, agitações, na certeza de estarem em um ambiente acolhedor, onde podem contar conosco e com os amigos sempre que precisarem.

As famílias também são sempre muito bem-vindas e participam ativamente de todo o processo. Eventualmente temos aulas das crianças junto com as suas famílias e também momentos em que uma de nós facilita e a outra faz uma roda de intimidade verbal com os adultos, acolhendo e compartilhando o processo de seus (suas) filhos (as).

Do trabalho com esse primeiro grupo surgiu o desejo de contar, em livro, nossa experiência. E no decorrer dos capítulos que se seguem, a partir do material coletado, apresentamos o nosso percurso e a necessidade de estudar determinados temas, com o intuito de aprofundarmos e sensibilizarmos ainda mais nosso olhar para esse mundo tão sensível, que é o das crianças.

Iniciamos com uma conceituação histórica da infância, discutimos o ser criança nos dias atuais, apresentamos a Biodanza e seu criador, justificamos o trabalho da Biodanza com crianças e oferecemos um pouco da nossa construção ao mundo.

Ao final do livro, disponibilizamos algumas aulas construídas neste tempo, somente com crianças e também com suas famílias, além de sugestões de músicas, descobertas e experimentadas em nosso trabalho.

Desejamos que desfrutem deste material e da construção teórica aqui apresentada. Que este livro sirva de inspiração a muitos trabalhos neste caminho. Por mais e mais grupos de Biodanza com crianças no mundo!

É válido lembrar que nesta primeira obra o intuito é de partilhar nosso percurso e sensibilizar a cada um de vocês, nossos leitores, esperando que possam se inspirar buscando e experienciando a Biodanza, seja como profissional, seja como alunos(as) ou pais e mães de alunos(as).

Este potente sistema de autoconhecimento é uma ferramenta de grandioso valor para a construção de um mundo mais biocêntrico, centrado na vida, no encontro humano e em relações afetivas. E disso, andamos precisados!

Assim seja!

Desenho do Gabriel / 4 anos

A INFÂNCIA
A Construção de um Conceito

"É no brincar, e somente no brincar, que o indivíduo, criança ou adulto, pode ser criativo e utilizar sua personalidade integral: e é somente sendo criativo que o indivíduo descobre o eu (self)." Winnicoatt

A escolha de trabalho com crianças surgiu do desejo de nos aprofundarmos ainda mais nesta etapa tão preciosa da vida e de unir nossas experiências e aprendizados. Consideramos a infância a base para a construção do "ser", o início de nossa história pessoal, local onde os aprendizados corporais tomam uma presença maior, sem tantas barreiras e couraças. Nesse período, o cérebro humano é, sem dúvida, mais maleável e propício a aceitar mudanças de padrões rígidos, prejudiciais ao crescimento pessoal. Acreditamos que, se a família permite e autoriza, a criança muda com maior facilidade, já que não tem tanta rigidez e tensão se comparada à idade adulta. Além disso, o cérebro infantil tem muito maior absorção de aprendizado do que os adultos, acabando também por contribuir para a transformação.

Ao iniciar os estudos a respeito da infância, demo-nos conta de se tratar de conceito relativamente novo, tendo-se dado na medida em que a ideia de família foi sendo elaborada na história humana. Assim, compartilhamos algumas bases teóricas capazes de explicar tal evolução, desde os primórdios até os tempos atuais.

Conforme Ariès (1978), o conceito de infância não era conhecido ou "não se tentava representá-la até por volta do século XII" (p.50). Não havia o espaço específico, o lugar para a categoria e o conceito formado como é conhecido atualmente. De tal modo, "A família transformou-se na medida em que modificou suas relações internas com a criança" (p. 226).

A ideia do conceito familiar foi sendo construída e desenvolvida pelo homem no decorrer da sua história. Fica, então, mais fácil perceber a ascensão desse sentimento novo para o homem primitivo: o sentimento de família.

A partir desses dados iniciais e para efeito metodológico, traçamos uma linha histórica com os principais pontos relativos à família e à infância, no intuito de compreender quais mudanças foram construindo o perfil da criança contemporânea.

PRÉ-HISTÓRIA

O homem primitivo agia de acordo com seus instintos de sobrevivência. Mesmo sendo considerado, para o homem contemporâneo, um ser quase irracional, foi ele quem resistiu com muita criatividade e agilidade a um mundo misterioso e desconhecido, aprendendo, inclusive, a lidar com as mudanças climáticas na Terra. Participou da estrutura inicial do que o homem é hoje, ao se voltar para invenções essenciais, como os instrumentos criados para a caça, os meios de proteção pessoais e da espécie e a criação da agricultura. Dele originou-se a linguagem e foram criadas as bases da civilização, englobando a vida social, econômica, política, as tradições artísticas, éticas e religiosas.

Sobre o conceito de casal, Lins (2000) relata ser então desconhecido. Cada mulher pertencia igualmente a todos os homens, da mesma forma como cada homem pertencia a todas as mulheres. Assim, o matrimônio acontecia entre todos os membros do grupo. Não havia a ideia do vínculo entre sexo e procriação, e consequentemente os homens não imaginavam poder ter alguma participação no nascimento de uma criança.

Dessa forma, "cada criança tinha vários pais e várias mães e só havia a linhagem materna. A fertilidade era característica exclusivamente feminina, estando a mulher associada aos poderes que governam a vida e a morte" (LINS, 2000, p.17). É relevante ressaltar que tal fato foi ignorado por milênios, e, de acordo com Lins, mesmo após ter o homem abandonado a caça e começado a participar ativamente das atividades consideradas femininas.

> A convivência cotidiana com os animais fez com que percebessem dois fatos surpreendentes: as ovelhas segregadas não geravam cordeiros nem produziam leite, porém, num intervalo de tempo constante, após o carneiro cobrir a ovelha, nasciam filhotes (LINS, 2000, p. 22).

Em dado momento, o homem descobre a contribuição essencial do macho na procriação. Após milhares de anos acreditando serem a fertilidade e a fecundação atributos exclusivamente femininos, o homem constatou o papel do sêmen, uma substância produzida em seu organismo. Esse fato trouxe uma ruptura na história da humanidade: descoberto o papel masculino imprescindível na procriação da raça humana, a consequência pode ter sido o desenvolvimento de um comportamento autoritário por parte do homem, paralelamente à diminuição da importância da função da mulher na sociedade.

Antes dessa descoberta, a ideia de infância e família ainda não existiam, e toda a vida era voltada apenas para o instinto de sobrevivência, e por isso os papéis eram bem claros e estritamente restritos. Os homens, por terem maiores condições físicas, caçavam; as mulheres protegiam o local onde ficavam alojados. A noção de cuidado, no sentido de afeto entre os membros de um mesmo grupo, não existia. Em seu lugar havia muita cooperação para a sobrevivência do grupo.

IDADE MÉDIA

Segundo Burns (1972), por volta do século V até aproximadamente o século XV, a sociedade era considerada estática, tinha pouca mobilidade social e era hierarquizada. Sabe-se que a nobreza feudal possuía as terras e arrecadava impostos dos camponeses e dos artesãos. O clero tinha um grande poder, sendo responsável pela proteção espiritual da sociedade – ressalte-se que nesse período criou-se o sentimento de culpa relativo à expressão dos instintos.

As famílias da aristocracia, extensas, viviam em castelos, onde predominavam as relações hierárquicas. O rei e a rainha eram figuras soberanas, e cada membro da família identificava-se com sua linhagem. O casamento era considerado um ato político, um arranjo para promover alianças e concentração de poder, por isso não interessava se havia ou não qualquer tipo de sentimento entre o casal. Desta forma, era natural rei e rainha terem amantes, pertencentes à mesma hierarquia social. Os filhos nasciam para perpetuar a linhagem da família, tornando-se uma garantia de manutenção de poder durante mais tempo. A divisão de papéis era bem clara: enquanto o homem cuidava do poder e das posses, a mulher incumbia-se da missão de gerar filhos e da vida social.

Ainda na Idade Média, havia a família camponesa, vivendo em uma espécie de aldeia nos campos em torno dos castelos, e formando, relata Ariès, a classe dos trabalhadores, onde homens e mulheres com saúde deveriam trabalhar para a nobreza. As crianças, consideradas filhas da aldeia, eram cuidadas por todos. Normalmente os mais velhos e impossibilitados de trabalhar responsabilizavam-se por "olhar" os menores.

No entanto, em ambas as classes, a criança era percebida como um pequeno adulto e não havia preocupações relativas ao que deveria ou não fazer e tampouco quanto ao seu sentir. Desta forma, elas presenciavam e vivenciavam inúmeras cenas não apropriadas para sua idade.

Crianças entre sete ou nove anos ficavam incumbidas de aprender um ofício. Aquelas vindas das aldeias aprendiam todo o serviço doméstico, com o mestre que transmitia-lhes sua bagagem de conhecimentos, experiência prática e valor humano. Enquanto isso, as crianças das famílias nobres contavam com tutores incumbidos de lhes ensinar as noções básicas de história, literatura e artes.

IDADE MODERNA

Esse momento da história abarcou a Idade Moderna ou Renascença (séculos XVI e XVIII), estabelecendo uma nova percepção de mundo tanto na área científica quanto na filosófica, com características bem próprias e evidentes em diversos âmbitos.

Enquanto na Idade Média a educação era controlada pela igreja, na Moderna, houve a necessidade de uma mudança nesse sentido. Ariès (1978) relata:

> Dessa época em diante, ao contrário, a educação passou a ser fornecida cada vez mais pela escola. A escola deixou de ser reservada aos clérigos, para se tornar instrumento normal da iniciação social, da passagem do estado da infância ao adulto (ARIÈS, 1978, p. 231).

A educação passa a ser baseada na razão e na experiência, além de priorizar a capacidade de pensar por si próprio.

> Essa evolução correspondeu a uma necessidade nova de rigor moral da parte dos educadores, a uma preocupação de isolar a juventude do mundo sujo dos adultos para mantê-la na inocência primitiva, a um desejo de treiná-la para melhor resistir às tentações dos adultos (ARIÈS, 1978, pp.231-232).

Segundo o autor, essa "evolução" também corresponde a uma preocupação por parte dos pais para terem seus filhos mais perto. "A substituição da aprendizagem pela escola exprime também uma aproximação da família e das crianças, dos sentimentos da família e do sentimento da infância, outrora separados" (ARIÈS, 1978, p.323). A família foi aos poucos centralizando e se organizando em torno da criança e o "clima sentimental era agora completamente diferente do anterior, mais próximo do nosso, como se a família moderna tivesse nascido ao mesmo tempo que a escola".

Percebemos, então, ter sido nesse momento instaurado o que chamaremos de núcleo familiar. A partir de tais acontecimentos, o conceito de infância vai se construindo e se solidificando de uma nova forma.

Agora, uma criança diferente do adulto, com características próprias e um espaço mais cuidado.

Contemporaneidade

A ideia da família tradicional surge a partir do século XIX. Junto com ela surgem três sentimentos importantes e fundamentais: o de infância (onde há uma maior diferenciação entre a criança e o adulto); o de família (onde se cria a ideia de núcleo familiar) e o de privacidade (onde o experienciado dentro da casa passa a ser diferente do vivido na rua).

Nesse primeiro momento, início do século XX, os papéis eram mais bem definidos e variavam bastante, de acordo com o espaço frequentado. O homem dentro do lar era a figura de autoridade, e na rua podia trabalhar e extravasar com amigos e amantes, apresentando comportamentos diferenciados quando comparados aos da mulher. A ela cabia respeitar tal modelo hierárquico patriarcal.

Dessa forma, ela era "preparada" para ser do lar, dependente e submissa. Não podia sair sozinha, somente acompanhada do marido, além de ser privada do sentimento do prazer.

Com relação aos filhos, Ariés (1978) aborda uma separação entre a educação dada às meninas e aos meninos. Segundo o autor, a possibilidade da escolaridade para as meninas apenas se difundiu no início do século passado.

No final da década de 60 e início de 70, o movimento feminista trouxe efetivamente a mulher para o mercado de trabalho. E a liberação sexual vem a partir do uso de contraceptivos, resultando em maior autonomia à mulher, que passa a poder desejar, sentir prazer, libertar-se e fazer escolhas.

Neste contexto histórico e social surge o Sistema Biodanza, a ser aprofundado ao longo dos demais capítulos deste livro e um dos cernes centrais deste trabalho.

Em 1990, foi criado o ECA-Estatuto da Criança e do Adolescente, um marco no relacionamento entre pais e filhos, e inclusive na relação entre sociedade e criança.

Com esse breve histórico podemos perceber as grandes transformações que foram ocorrendo até o surgimento do conceito atual de infância. A partir dessas mudanças na estrutura e no padrão familiar, o padrão psicológico da criança nascida nessa família e o padrão psicológico da família passam também a mudar. Para entender um pouco mais a respeito da criança contemporânea percebe-se ser necessário aprofundar-se e lançar mão da história para a compreensão dos diferentes modelos de estruturas da família, que correspondem, em paralelo, a estruturas emocionais ou psíquicas do sujeito.

Desenho da Cecília / 7 anos

O SISTEMA BIODANZA

> "Eu tive que envelhecer para dar-me conta de que não havia outro caminho. Percorri muitos outros. Agora, eu ofereço a vocês, de todo o coração, o caminho que descobri. Experimentem. Descubram a harmonia dentro de vocês. Assumam o amor que vocês têm." Rolando Toro

O Educador Rolando Toro

Antes de se definir o Sistema Biodanza, tornam-se pertinentes algumas palavras sobre seu criador. Esse sistema é fruto, inicialmente, de um desejo sentido por este homem admirável que nos presenteou com tal potente ferramenta de transformação e desenvolvimento humanos.

Dentre suas múltiplas facetas, Rolando Toro foi, antes de tudo, um educador. Formou-se professor no ano de 1943, e durante 16 anos lecionou para alunos do Ensino Fundamental. Desde essa época, antes da criação do Sistema Biodanza, Toro percebia nas crianças falta de vínculo com a natureza e o ambiente que as cercavam e buscava promover e estimular tal vínculo.

Possuidor de uma criatividade única, pensava ser a arte um caminho para uma Educação mais potente e eficaz, a serviço da vida e da felicidade, como podemos ler a seguir:

> La educación debe ser la ciência del hombre, y el mejor camino para seguirlo es la introducción del niño en el arte, bajo este nuevo concepto, desarrollo de su espíritu (TORO, 2012. p.21).

Nesta época, chegou a organizar com seus alunos o Primeiro Festival da Criança de Santiago do Chile. Foi um festival muito divulgado, com grande repercussão na mídia. Rolando virou notícia de jornal. Foi considerado, então, um Educador à frente de seu tempo, pensando em escolas idealizadas pelas próprias crianças, e acrescentou que a referência maior é a vida.

Sobre a escola, dizia Rolando:

> Una escuela es un mundo. Recoge y projecta las pulsaciones del espíritu y de la sangre. La escuela requiere una estructura particular. Hay que pensar que ella es, en sí misma, un potente médio psicológico, un campo inductor activo bajo el cual se despliega sensiblemente la imagen

dinámica del niño. El médio escolar debe ser, en esencia, um médio educador (TORO, 2012. p.37).

Deste educador chileno, posteriormente também antropólogo e psicólogo surge na década de 60 o Sistema Biodanza. No entanto, ao que tudo indica, o desejo maior da Biodanza, a semente inicial, nasceu quase 10 anos antes, no jardim de uma escola, descrito em uma carta de amor à sua então esposa Pilar, como nos mostra Gonsalves:

> Minha adorada Pilarcita: por momentos saí pelo pátio a procurar-te, a pensar em ti (...) Aqui a escola está muito vazia. Na próxima segunda-feira chegarão as crianças. Tive a ideia de uma ciência rítmica que ordene musicalmente os movimentos naturais do corpo, sobretudo os atos, de modo que, sob formas nobres e espirituais, distribua o tempo, a intensidade e a força. Algo assim como provocar a musicalidade do ser (Gonsalves *apud* Toro, 2009, p.15).

Eis que, numa carta de amor, Toro expressa pela primeira vez o desejo de criar a Biodanza, sistema nascido das inquietações de um Educador que almejava um mundo com seres humanos mais plenos de si e felizes.

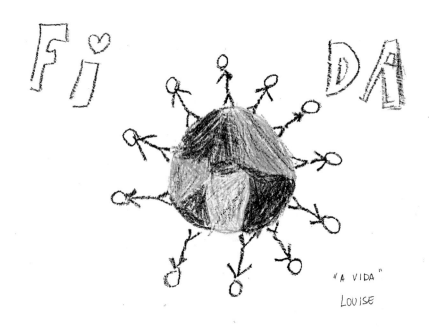

Desenho da Louise / 9 anos

BIODANZA - A DANÇA DA VIDA

> *"É importante destacar que a felicidade não aparece em um campo minado. Ela invade, sem pedir licença quando há uma possibilidade de emergir. Isso significa que existe um exercício cotidiano, lento, prazeroso, um exercício de amor, que é um convite para que a felicidade apareça. Sem o exercício cotidiano do amor, é impossível que a felicidade apareça."* Elisa Gonçalves

Por definição, Biodanza é um sistema de integração humana, renovação orgânica, reeducação afetiva e reaprendizagem das funções originárias de vida. Sua metodologia consiste em conduzir vivências integradoras por meio da música, do canto, do movimento e de situações de encontro em grupo.

Em outras palavras, é um sistema pedagógico e terapêutico, tendo por objetivo principal estimular os potenciais genéticos de cada ser e facilitar a integração entre o sentir, o pensar e o agir no mundo.

Criado na década de 60, mas desejado tempos antes, no pátio de uma escola, foi desenvolvido a partir do método científico. Assim, tendo como pontos de partida a observação e a descrição, passou pelas etapas clássicas da hipótese e da demonstração. O prefixo "Bio" deriva do termo "Bios", que significa vida. A palavra "Dança", na concepção francesa, significa movimento integrado pleno de sentido. A metáfora estava formulada e, em castelhano, surgia a "Biodanza, danza de la vida".

Uma proposta surgida das inquietações de um Educador acerca da vida!

Acreditamos ser importante explicar, em linhas gerais, alguns conceitos trazidos nessa definição, a fim de clarear possíveis dúvidas.

A integração humana é um dos objetivos da Biodanza. Integração do homem consigo mesmo, com o semelhante e com o universo. Um ser humano integrado sente, pensa e age de maneira mais coerente e ética.

Por renovação orgânica entende-se a ação sobre a autorregulação orgânica, induzida principalmente mediante estados especiais de transe, ativadores de processos de renovação celular e regulação global das funções biológicas, diminuindo os fatores de desorganização e estresse.

Reeducação afetiva é a capacidade de estabelecer vínculos com as demais pessoas. Vínculos de amor, amizade, confiança. Vínculos que fortalecem a vida!

Já a reaprendizagem das funções originárias de vida compreende-se como o resgate dos instintos, da natureza em nós. O instinto não é algo aprendido. É sim uma função inata a todo e qualquer ser humano. Reaprendê-la significa sentir cada vez mais e tocar mais profundo na sua identidade.

Na prática, a aula de Biodanza acontece semanalmente e tem duração média de duas horas para adultos e uma hora para crianças. É dividida em dois momentos. O primeiro, o que chamamos de intimidade verbal, é o momento onde cada participante pode falar de si e de como se sente a partir do que foi vivenciado na aula anterior. Nessa etapa aprendemos a usar a palavra de maneira especial e assertiva. Fala-se a partir do coração, do que se sente, e em primeira pessoa. Cada um fala de si numa palavra plena de sentido.

O segundo momento da aula é composto por danças, movimentos igualmente plenos de sentido, de caráter existencial. Nesse caso não é uma dança aprendida. Cada aluno é convidado a movimentar-se respeitando o seu ritmo interno. São danças que nos levam a vivências integradoras. E a vivência, como veremos adiante, é única, pessoal e intransferível. É válido também ressaltar ser um método puramente vivencial. Portanto não se assiste a uma aula de

Biodanza. O aluno é convidado a participar da aula, dançando dentro de suas possibilidades.

As danças são realizadas individualmente ou em grupo, e esse é um facilitador do processo. No grupo encontramos um continente afetivo, que chamamos de cuidado, amor, carinho... Vamos nos construindo humanos, um na presença do outro. No grupo expressamos nossos potenciais de forma mais segura, e resgatamos a alegria de viver.

Segundo o próprio Toro:

> O grupo de Biodanza é um biogerador, um centro gerador de vida. A concentração de energia convergente dentro de um grupo produz um potencial maior do que a soma de suas partes. Essa energia biológica renovadora compromete a unidade e a harmonia do organismo. É criado, assim, um campo magnético no qual se refletem e se projetam emoções, desejos, sensações físicas de grande intensidade. Produz-se uma percepção mais essencial de outras pessoas, um modo de identificação novo (TORO, 2000, p.03).

Um outro aspecto relevante é o do método Biodanza agir sobre a saúde humana, sobre os potenciais adormecidos, estimulando-os a despertar progressivamente. Nesse sistema não se promove ação sobre a doença e sim sobre o saudável, sobre o "fio de saúde" de cada um, mesmo perante um caos aparente.

A regularidade das aulas mantém um processo progressivo de crescimento e desenvolvimento humano. As músicas e exercícios utilizados em Biodanza são especialmente selecionados e desencadeiam movimentos de acordo com a proposta de cada aula.

As pessoas, com suas questões, aprendem a regular seu ritmo orgânico, passam a fluir melhor na vida e costumam reorganizar seu estilo de viver. A Biodanza é uma nova proposta de reeducação, em que o cuidado com o ser acontece na sua totalidade, em verdade e beleza para o seu desenvolvimento interior pleno.

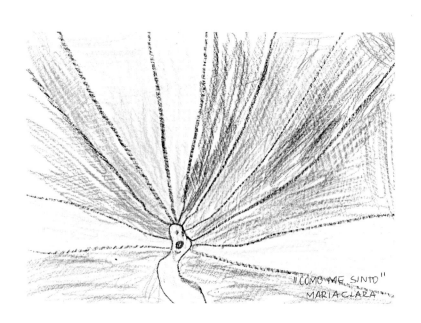

Desenho da Maria Clara / 6 anos

CONCEITOS FUNDAMENTAIS EM BIODANZA

> "A afetividade é a solidariedade e a coesão da espécie, é a busca de proteção e segurança, é a nutrição amorosa através do abraço, da carícia afetiva e terna. É poder dar, receber e pedir amor. Por isso afirmamos que é uma profunda transformação biológica de supervivência." Rolando Toro

Princípio Biocêntrico

Este é o princípio norteador do Sistema Biodanza. A partir dele, todas as ações são tomadas. Em Gonsalves, temos uma boa definição:

> O Princípio Biocêntrico põe sua prioridade absoluta nas ações que permitem a conservação e a evolução da vida, estimulando a expressão dos instintos e o desenvolvimento afetivo através das protovivências e vivências integradoras (GONSALVES, 2009, p.27).

Em contrapartida há uma visão cultural predominantemente do ocidente, mecanicista e antropocêntrica – o homem como centro de referência do mundo que o cerca, tudo à sua volta sendo secundário, subserviente ao homem; este, sim, a peça fundamental – Toro criou o Princípio Biocêntrico para basear toda a sua teoria. Nas palavras de Toro:

> O Princípio Biocêntrico, formulado por mim, em 1970, inspira-se no pensamento de que o universo está organizado em função da vida. Isso significa ser a vida uma condição essencial na gênese do universo. A vida seria, nesta abordagem, uma força que conduz, através de milhões de anos, a evolução do cosmos (GONSALVES, 2009, p.11).

A visão desse princípio tenta desconstruir qualquer tipo de hierarquia ou dicotomia entre homem, natureza e cultura. De forma simples ele devolve à vida o seu lugar. O "lugar comum" a tudo o que se possa pensar ou experimentar. O homem, então, passa a ser consequência de uma circunstância vital, do que a vida fez ou faz dele. Quaisquer grandes sistemas de pensamento, tais como a Sociologia, a Psicologia, a Psiquiatria ou a Biologia, podem assumir vieses estáticos, absolutos, o que retiraria deles sua principal função, a de pensar a vida, a de potencializá-la.

De forma instintiva e sábia, Rolando Toro, baseando-se em diversos autores, entre eles Freud, Reich e Nietzsche, que conjugavam das mesmas ressalvas, sugeriu e afirmou a vida como centro do universo. A vida acontece no universo e, concomitantemente, o constrói.

Modelo teórico de Biodanza

Se Rolando colocou a vida como centro condutor de seu sistema de pensamento, por esse princípio norteador, o modelo teórico a reger o Sistema Biodanza só poderia ser dinâmico como a vida e remeter-se à sua potência e dinamismo.

A criação de um modelo teórico facilitou o entendimento de alguns pilares importantes em Biodanza e permitiu sua sistematização; deu unidade ao que, às vezes, poderia parecer impreciso. Um modelo em Biodanza, porém, não poderia ser estático, só poderia ser uma linha de orientação capaz de se transformar ao longo do tempo. E é o que acontece. Desde os anos 60, até sua última alteração, em 2008, alguns pilares foram reformulados.

Para Toro era um sistema semiaberto – um sistema capaz de receber acréscimos e sofrer alterações, de acordo com as necessidades e conjuntura contemporânea.

Em suas primeiras formas de enunciação como modelo, Rolando partiu de sua experiência com pacientes psiquiátricos, para os quais apresentava músicas euforizantes e músicas regressivas, e a partir das quais foi observando suas variadas expressões e resultados. As músicas euforizantes resultavam em respostas do sistema nervoso simpático-adrenérgico dos pacientes, e as músicas mais lentas, que sugeriam regressão, estimulavam respostas do sistema nervoso parassimpático-colinérgico.

A partir de tais observações, Rolando "desenhou" o que seria o primeiro eixo fundamental do modelo teórico em Biodanza. Sugeriu um "eixo horizontal" pulsando entre dois polos, comportando, um deles, a percepção da identidade, através da maior consciência corporal e emocional, e o outro, a capacidade de dissolução em si mesmo, de regressão ao mundo sensorial, através da dissolução dos limites corporais.

Com o tempo, Rolando pôde perceber que os dois eixos não só se tocam, como se complementam, fazem parte de nossas experiências na vida, como um todo. Um retroalimentando o outro de forma dinâmica e sensível, da Regressão à Identidade, e vice-versa. Mais tarde, o polo da Identidade passou a denominar-se "Consciência intensificada de si e do mundo", ressaltando o aspecto coletivo, social, uma vez que a consciência de si mesmo como ser humano acontece em sua relação com a humanidade.

O modelo teórico abarca como subunidades da unidade maior os seguintes pilares fundamentais: o **movimento** provocado pela **música** e pela **dança**; o **contato afetivo** e a conexão íntima consigo próprio, com o outro e com o grupo, através de uma **comunicação não verbal**; as situações de **encontros** partindo da emoção vivenciada na relação com o(s) outro(s); a **expressão da emoção** suscitada pela **vivência** – termo este que se refere a uma experiência vivida em um espaço de tempo sempre presente e único.

Inseridos no Modelo Teórico destacaremos quatro pontos considerados de suma importância para este trabalho, aos quais Toro denominou de **potenciais genéticos, protovivências, ecofatores** e **linhas de vivência.**

Potenciais Genéticos são as características básicas determinantes de nossa estrutura orgânica e instintual. A potência do material genético celular de cada organismo vivo. Tais características, como o próprio nome diz, podem ou não expressar-se durante a vida, dependendo, para tal, de uma estimulação adequada, a qual chamamos de ecofatores.

Ecofatores, portanto, são fatores externos ao indivíduo que interferem no seu desenvolvimento. Podem ser positivos e negativos e influenciam o desenvolvimento pessoal no nível orgânico, funcional e psíquico do indivíduo.

O conceito de protovivências foi criado por Toro para descrever as primeiras vivências experimentadas pelo bebê, nos primeiros meses de vida, e ressaltar sua importante ligação com as linhas de vivência, principalmente porque acontecem em um momento onde a experiência é totalmente pautada no mundo sensorial. Dependendo de como tenham ocorrido essas primeiras experiências, em qual contexto afetivo e com qual carga energética emocional envolvida, deixarão marcas a traduzir-se mais tarde em lembranças ou não, através dos registros de satisfação e de frustração suscitados. Das marcas sutis às mais fortes, o corpo e o psiquismo não escapam.

Ligadas às respectivas linhas de vivências, organizadoras das aulas de Biodanza, temos as seguintes protovivências:

    a. Protovivência de **Vitalidade**, remetendo-nos às funções de movimento; movimentos de atividade e repouso;

b. Protovivência de **Sexualidade**, referentes aos contatos físicos e à sensação de prazer proveniente da carícia afetiva envolvida nos cuidados com o bebê;

c. Protovivência de **Criatividade**, que remete ao instinto exploratório, de curiosidade. Envolve a capacidade de mudanças de posição diante dos estímulos do mundo, e a capacidade expressiva das emoções;

d. Protovivência de **Afetividade**, referente aos cuidados com a nutrição, com o ato de amamentar o bebê, ao olhar afetuoso dirigido pela mãe ao filho, de continente afetivo correspondente às demandas do bebê;

e. Protovivência de **Transcendência**, correspondente à situação sensorial de plenitude, de harmonia com o meio ambiente físico e emocional que cerca o bebê.

Vivência

Outro conceito fundamental para o sistema Biodanza é o de vivência. Isso porque, como já dito antes, é um método vivencial de reaprendizagem das funções originárias da vida e de reeducação afetiva. Wilhelm Dilthey foi o primeiro autor a falar sobre o conceito de vivência.

Toro definiu, então, suas características essenciais e apresentou como método, nas sessões de

Biodanza, a priorização de promover vivências integradoras dos esquemas de pensar, de sentir e agir humanos, como uma forma de associação da integração psicofísica, estilo de vida e expressão da identidade no mundo.

Segundo sua definição, vivência é *"a experiência vivida com grande intensidade por um indivíduo em um lapso de tempo aqui-agora ('gênese atual') abarcando as funções emocionais, cenestésicas e orgânicas"*. *

Através de cada vivência, sempre única em Biodanza, é ativado o sistema integrador-adaptativo-límbico-hipotalâmico em cada um. Esse sistema, nos seres humanos, está relacionado aos aspectos instintivos emocionais e afetivos, regulam-nos a saúde e elevam-nos o ímpeto vital. E quando conseguimos recuperar os traços de saúde, também recuperamos a tranquilidade e a alegria, em um profundo processo de transformação vital. Essa transformação ocorre gradualmente, seguindo as possibilidades e tempo de cada um, e por meio do que Rolando chamou da arte do encontro, como o processo de desvelar-se para o outro, de reconhecimento do outro, de descobrir-se com o outro.

---

* Rolando Toro. *Apostila de Aspectos Psicológicos*. Associação Escola de Biodanza Rolando Toro do Rio de Janeiro. IBF- *International Biocentric Foundation*–2008. Site: www.biodanza.org

LINHAS DE VIVÊNCIA

Toro chamou de Linhas de Vivência as funções fundamentais inerentes a todo ser humano, através das quais os potenciais genéticos serão estimulados e expressar-se-ão. Todos os exercícios em Biodanza estimulam estas cinco funções, o que não ocorre isoladamente, visto os potenciais humanos entrelaçarem-se numa complexidade.

As chamadas linhas são: **vitalidade, sexualidade, criatividade, afetividade e transcendência.** No trabalho com crianças as linhas de vivência da sexualidade e da transcendência não são estimuladas. A primeira para não expor a criança ao choque com os padrões sociais atuais e a segunda por ser uma percepção mais próxima da idade adulta. Neste caso, o caminho de preparação para o trabalho futuro nestas linhas é o da harmonização entre as três demais.

Não aprofundaremos, neste momento, o estudo sobre as mesmas, no entanto é fundamental saber serem permeáveis e que uma potencializa a outra. Em uma aula de Biodanza, apesar de podermos priorizar uma ou outra linha de vivência, elas se intercalam e misturam.

Desenho do Arthur / 5 anos

BIODANZA COM CRIANÇAS

"... Se a gente grande soubesse (quanta paz,) o que consegue a voz mansa, (o bem que faz,) como ela cai feito prece e vira flor, num coração de criança..." Billy Blanco

A CRIANÇA CONTEMPORÂNEA

Sendo a criança o retrato da sociedade onde vive, ela representa e reflete os valores culturais e sociais de sua época. Assim, em um mundo superprotegido, com câmeras de segurança por todos os lados, internet e *sites* de relacionamento, de relações virtuais, nasce a nova geração.

A contemporaneidade caracteriza-se pela precisão da era tecnológica e digital, pelo fato de a maioria enaltecer o "ter" em detrimento do "ser" e por isso possui valores muitas vezes invertidos e superficiais. Podemos dizer que o ser humano contemporâneo, a partir de toda a sua história, vem se tornando imediatista, ansioso, competitivo e raso. Por outro lado, acreditamos haver, em algumas pessoas, uma maior abertura com relação às possibilidades de formas de pensar e compreender, além de uma maior escuta nas relações em geral, inclusive quanto à educação e o bem-estar integral.

No meio desse "caos imediatista", muitas crianças têm deixado de explorar o mundo da brincadeira, tão próprio do universo infantil, já que até os brinquedos frequentemente são "todos prontos", bastando apenas apertar um ou dois botões para ele "fazer tudo" por você.

Tapscott questiona: qual a diferença entre a geração contemporânea e as antecessoras? E ele mesmo responde "esta é a primeira geração a crescer cercada pela mídia digital" (TAPSCOTT, 1999, p.1). Meios de comunicação eletrônicos e digitais podem ser encontrados em qualquer lugar e cada vez mais estamos conectados a uma rede com poder de atrair novos seguidores o tempo todo – a internet.

O autor diz ser a primeira vez na história da humanidade em que as crianças estão mais confortáveis e têm mais instrução do que seus pais, quando se trata do meio digital (*Ibidem*, p. 2). O desenvolvimento em geral é mais intensificado e acelerado nesse mundo tão interativo e digital, e os pequenos logo percebem ter o "poder" de controlar o seu meio, acabando muitas vezes por deixar os pais um pouco mais inseguros diante das descobertas tecnológicas das crianças contemporâneas.

Assim, se por um lado atualmente há uma maior preocupação com um desenvolvimento sadio da criança, em contrapartida, o excesso de estímulo normalmente a deixa mais agitada, e acreditamos ser desafiador e assustador tanto para os pais quanto para os educadores que lidam diretamente com ela. Pensamos que os pais, sentindo-se inseguros por não conhecerem bem o novo "modelo" dessa nova geração, muitas vezes acabam superprotegendo, cerceando e controlando excessivamente os filhos. Ou ainda, por outras vezes, delegam aos meios digitais a distração e entretenimento das crianças, evitando assim o contato comprometido da relação pais e filhos.

O aumento de estímulos e informações mostra que o nível de raciocínio vem se tornando cada vez mais apurado. Por isso, ao observar e estudar a geração pós-moderna, imediatista, competitiva e controladora, pode-se imaginar o nível de exigência desses pais com relação aos seus filhos. Meza e Toro mostram-nos que *"nuestra cultura tende, en general, a ceñir y a preparar a los niños y niñas para los deberes de adultos, desde los inicios de la infancia"* (MEZA E TORO, 2017, p.10).

Tais características, acreditamos, refletem diretamente no que se tornou e vem se tornando a criança contemporânea, já que ela se constitui e é constituída nesse universo. O Homem contemporâneo tem sua complexidade, e possui um ritmo diferente quando comparado com o de outras épocas. O ritmo mudou, as pessoas correm contra o tempo e, atualmente, devido ao aumento da competitividade e da padronização, pode-se perceber um aumento também no controle excessivo de tudo.

O tempo de ser, no entanto, torna-se cada vez mais escasso. O tempo do sentir, do entrar em contato, do abraço, do toque, do "olho no olho", do brincar junto, do estar "com". Este tempo propício ao sentir é negado em detrimento ao tempo da ação. As agendas de nossas crianças estão sendo o reflexo das nossas agendas lotadas e repletas de atividades. E o tempo de ser criança, como fica?

Diante desse contexto, os pais têm questionado e exigido cada vez mais dos filhos, e assim esquecem-se que se trata de criança... Percebemos assim, a importância delas terem um espaço acolhedor e capaz, de alguma forma, de dar vasão às suas questões emocionais. Um espaço de expressão de identidade, de ser único e ao mesmo tempo igual. Em um grupo de Biodanza, a possibilidade de a criança se reconhecer e perceber que muitas de suas angústias são parecidas com as do amigo traz para ela uma sensação de pertencimento e inclusão.

A PRÁTICA COM CRIANÇAS

A adaptação e criação da especialização em Biodanza com crianças foi realizada pela facilitadora didata Cecília Luzzi. Segundo ela "as experiências realizadas com Biodanza confirmam-nos que quanto mais cedo se começa a prática, melhores são os resultados que se obtêm" (LUZZI, 2015). A Biodanza com crianças é uma proposta de reeducação onde a criança tem a possibilidade de descobrir, experimentar, mostrar e reafirmar os seus potenciais, além de promover mudanças comportamentais. Por possuir uma identidade ainda muito plástica, as mudanças e transformações ocorrem com maior facilidade. Ainda são poucas as couraças e a rigidez no comportamento e nas relações. Dessa forma, há a recuperação da saúde emocional visando um crescer feliz, a melhora nas relações e vínculos com o mundo, e a possibilidade de expressar suas sensações de maneira genuína e espontânea são preservadas. Como já pontuamos anteriormente, é um processo pedagógico e terapêutico que usa a dança como forma de expressar emoções e sentimentos.

"As crianças estão aprendendo a lidar com as situações de conflito". Luzzi, quando necessário, para

---
* LUZZI, Apostila do curso de formação de Bidanza en Educación Infantil, 2015.

a aula a qualquer momento e conversa com elas de modo a terem noção do que estão fazendo e para poderem refletir sobre seus atos e as implicações no outro.

Através de aulas com metodologia específica, o projeto desenvolve os potenciais da criança para, mais tarde, ajudar na estruturação de sua identidade de maneira mais integrada.

Na Biodanza, para qualquer faixa etária, há a utilização de músicas especialmente selecionadas, de modo a desencadear movimentos de acordo com a proposta da aula. Assim, as crianças aprendem a regular mais adequadamente seu ritmo orgânico e passam a fluir melhor em seus movimentos na vida.

É relevante ressaltar que, de acordo com Luzzi, com as crianças iremos dar ênfase às linhas de vivência relacionadas com a vitalidade, a afetividade e a criatividade.

O objetivo geral de um grupo regular de Biodanza com crianças é melhorar a qualidade de vida de seus participantes e de quem com elas se relacionem, num contexto de saúde integral e desenvolvimento equilibrado do potencial humano. Assim, o facilitador de Biodanza poderá valorizar a afetividade na relação que a criança estabelece consigo, com o outro e com o mundo.

Na nossa experiência como facilitadoras com crianças percebemos que alunos apresentando baixo rendimento escolar, por exemplo, uma vez descartados possíveis distúrbios físicos, respondem bem a essa proposta, apropriando-se progressivamente de seus potenciais e do seu caminho de aprendizado.

Além disso, as crianças – quando implicadas, junto com suas famílias, em todo o processo de possibilidades proposto pela Biodanza – aprendem a pulsar entre os momentos da vida em que poderiam estar ativas, de forma a atuar e partir para a ação, e os momentos de relaxamento, descanso e reflexão. Assim, muitas vezes deixam de estar congeladas em um comportamento extremo e passam a descobrir a possibilidade de caminhar entre outras formas de ser no mundo.

Objetivos nas aulas

A Biodanza promove um processo muito particular e depende de cada situação, de cada grupo. Assim, cada caso sempre será de fato um "caso".

"O facilitador vai encontrar os motivos de ordem teórica e prática que justificam a escolha de um tema" (SANTOS, 2009, 83), ou seja, de um objetivo a ser seguido em cada aula específica.

As escolhas tratam de um "retrato móvel" da situação e do momento em que o grupo se encontra. Sendo assim, os exercícios podem ter um direcionamento para a maioria do grupo, ou para alguma situação ocorrida com alguma criança e/ou família pertencentes a esse grupo.

> Às vezes todos os exercícios têm um mesmo grau de importância; outras vezes, a sessão é direcionada por um exercício-chave, o ponto central da sessão que tem como referência imediata o tema escolhido (SANTOS, 2009, 83).

Os principais objetivos do trabalho de Biodanza com crianças são a prevenção de doenças, a percepção intensificada do "agora" (o que gere cada vez menos sintomas), a participação das crianças em atividades estimuladores e atrativas e o pertencimento delas a um grupo afetivamente sadio.

As aulas com crianças acontecem semanalmente com duração média de uma hora. Desse total de tempo, reservamos quinze minutos para a intimidade verbal ou relato de vivência (da mesma forma como ocorre no grupo de adultos, é o momento verbal, quando a criança tem a possibilidade de dizer como está se sentindo tanto nas aulas como na vida), ficando para a dança o restante do tempo, em média 45 minutos.

Facilitador de Biodanza com crianças

Ao se propor a trabalhar com crianças, o facilitador precisa ter um olhar mais atento e apurado também às famílias dos alunos, para poder identificar mais facilmente os processos de sabotagem familiar e os possíveis "emaranhados" que podem estar atrapalhando de alguma forma a vida dessa família – além de perceber melhor o motivo da busca e do significado da mesma na biodanza. Através desse olhar mais minucioso, afetivo e acolhedor, o facilitador poderá sentir e perceber se a família está exigindo mais do que a criança pode e/ou quer desenvolver, por exemplo, ou se deixa a criança livre para também experienciar suas escolhas na vida.

Dessa forma, através do estabelecimento do vínculo afetivo e de confiança, o facilitador pode facilitar o olhar da família e inclusive trazê-la para aprender e construir juntos, de forma mais flexível, caso ele perceba tal possibilidade.

Ser facilitador de Biodanza com crianças significa ter esse olhar bem apurado para as situações e momentos de vida infantil e/ou familiar e todo o contexto onde a criança está inserida, como a vida escolar e social. Significa perceber além, e ter essa leitura corporal com vista a maiores possibilidades de leitura do que se passa com a criança que, às vezes, não está conseguindo nomear e falar ainda sobre determinado assunto ou situação.

Além disso, é importante estar aberto e criativo para se expandir na utilização da incorporação das artes plásticas (com a utilização de quaisquer materiais facilitadores do contato da criança com seu mundo interior, como tinta, lápis de cor, lápis de cera, hidrocor, argila, massinha, jornal, revista, cola, tesoura, papel branco ou colorido, tecido, sucata...); artes musicais (utilização de instrumentos, ou jogos de ritmo ou de percepção auditiva), além das artes teatrais (dramatização de determinados momentos e a utilização de adereços e fantasias).

É fundamental o facilitador estar atento aos momentos em que pode não dar conta de alguma situação que a criança esteja vivendo ou de algum comportamento apresentado, e saber encaminhar a outras especialidades de apoio como psicologia, fonoaudiologia, pedagogia, nutrição ou mesmo um encaminhamento para avaliação ou diagnóstico médico.

Por fim, é imprescindível estar o mais aberto possível para acolher e compreender as situações de vida de seus alunos para ter maiores possibilidades de saber a hora de ouvir e falar, e o momento do silêncio.

Desenvolver o dar e o receber limites. Mas, principalmente, para o bom andamento do processo proposto pela Biodanza destaca-se o cuidar-se. Olhar para si, se possível com a ajuda de um outro profissional como um analista ou terapeuta, para que este possa ter mais clareza ao ver-se e possivelmente separar-se nas situações das dúvidas sobre se a questão é sua ou da criança e/ou o contexto familiar e social.

Acreditamos ser um aprendizado constante ter a possibilidade de facilitar um grupo com crianças, por serem elas tão espontâneas e por lidar com o mundo de uma forma tão particular e sensível. Percebemos haver uma linda troca de experiência do facilitador com esses pequenos grandes mestres. Uma experiência de vida e para a vida!

Desejamos, cada vez mais, grupos de Biodanza com crianças nascendo em cada parte do mundo e sendo gerados com amor e comprometimento. Que nossa breve e potente experiência seja um estímulo e uma inspiração a cada facilitador, a cada pai e a cada mãe.

Às vezes,
Gostaríamos de
Criar nosso pedaço
Nosso pedaço
De chão ou aço

Construir nossa
Vida
Antes disso
Decida
Pois a vida
É feita de decisões

Ilusões
A parte
Viver é
Arte
Ou é morte

Penso num mundo
Pacífico
Seria bem
Magnífico

Última estrofe
Ainda não acabei
Peço a paz
E saúde ao Vanderlei
Isso foi fácil
É, eu sei

Art, made by: Cauê Soares

Desenho do Cauê / 11 anos

BIODANZA, UM PROCESSO PEDAGÓGICO

"... Se a prática educativa tem a criança como um de seus sujeitos, construindo seu processo de conhecimento, não há dicotomia entre o cognitivo e o afetivo, e sim uma relação dinâmica, prazerosa de conhecer o mundo." Madalena Freire

Como já citamos anteriormente, a Biodanza pulsa em duas vertentes básicas: a pedagógica e a terapêutica. A primeira, porque é processo de reeducação afetiva, de reaprendizagem das funções originárias da vida. É aprender a viver em um novo estilo de vida, onde somos na presença do outro, sem julgamentos e sem culpas e aprendemos com o nosso movimento e o de nossos companheiros. A segunda, porque promove processos de desenvolvimento humano, de consciência, de autoconhecimento, da promoção da saúde e da transformação pessoal. Pois bem, apesar dessa breve explanação, um tanto quanto cartesiana, na tentativa de explicar o porquê das duas vertentes, fica claro também que uma se entrelaça na outra, potencializando esse processo de aprendizagem e reaprendizagem sobre si mesmo e sobre a vida e suas relações. No entanto, aqui, nosso olhar terá um foco maior para o pedagógico.

A palavra educação possui significados muito amplos. Está presente em diversos segmentos da sociedade, indo desde a família, núcleo primeiro onde é empregada, até as escolas e demais instituições de ensino. O fato é que educação ocorre o tempo inteiro, em qualquer lugar. É uma ciência propriamente humana, e partindo desse pressuposto todo ser humano é, por natureza, um educador nato.

Pensando dessa forma, cada participante de um grupo regular de Biodanza torna-se facilitador e "educador" do processo dos demais.

A Biodanza é uma proposta estritamente vivencial. O diferencial maior é a vivência que nos permite integrar o que antes era puramente racional e transformar em ação a partir de algo sentido e vivenciado. A isso, Toro chamou de integração dos três centros humanos: o sentir, o pensar e o agir.

Numa inversão epistemológica não vista antes, a partir de uma concepção biocêntrica, *"o conhecimento é percebido como um sentir anterior à conceituação e à elaboração intelectual"* (LEMOS, 2007). Assim, o que vivencio provoca uma sensação e somente a partir daí surge a elaboração para a ação no mundo.

Nas reflexões de Sanclair Lemos encontramos ainda:

> O verdadeiro conhecimento, portanto, brota de uma área de silêncio. De outra maneira, estaremos projetando um pré-conceito sobre o momento vivido no presente, e este não revelará o verdadeiro conhecimento (LEMOS, 2007, p.130).

É uma proposta que cabe, e muito, no ambiente escolar também, onde a dita educação formal acontece.

No próximo capítulo, relataremos brevemente, somente para aguçar a curiosidade, dois caminhos vivenciados por nós em escolas, ficando a promessa de uma publicação mais aprofundada nesse tema. Nosso desejo nesse momento é que nossas experiências possam servir de inspiração aos educadores, aos pais, e aos nossos leitores.

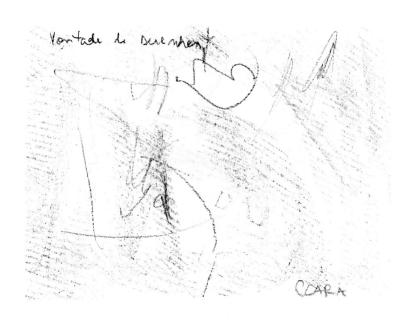

Desenho da Clara / 3 anos

BIODANZA NAS ESCOLAS

"Escola é... o lugar que se faz amigos. Não se trata só de prédios, salas, quadros, rogramas, horários, conceitos... escola é, sobretudo, gente. Gente que trabalha, que estuda, Que alegra, se conhece, que se estima..." Paulo Freire

ASSOCIAÇÃO EDUCACIONAL DE NITERÓI
Beatriz Câmara

A **AEN** é uma associação de pais criada há 25 anos por famílias que buscavam uma proposta de educação diferente, uma proposta onde o afeto e a expressão da singularidade fossem possíveis, assim como um espaço de construção coletiva e democrática. A instituição passou por transformações ao longo desses anos, como ocorre com todo organismo vivo, mas não perdeu o foco das relações humanas, dos afetos e de ser um lugar educativo que promove aprendizagem constante.

Cheguei na AEN como mãe (pedagoga e também facilitadora de Biodanza), em busca de uma escola para minhas filhas, então com três anos. Escolher uma escola é função das mais difíceis na vida dos pais, e reiterada diariamente.

Após um ano, fui convidada pela diretora para fazer um projeto de Biodanza por dois meses com as turmas do Ensino Fundamental I, cujo objetivo era trabalhar a integração afetiva. Amei o desafio!

Dois meses se passaram e o projeto foi ampliado por mais dois, incluindo então as turmas da Educação Infantil. E mais dois meses vieram, e o projeto foi se renovando até o final do ano letivo.

No ano seguinte a Biodanza fazia parte das aulas especializadas da escola, tornando-se atividade regular e semanal para todas as crianças das turmas da Educação Infantil e do Ensino Fundamental. É um momento prazeroso esse, quando as crianças expressam abertamente seus sentimentos, aprendem a falar de si, a escutar afetivamente e a ser ouvidas. Momento em que dançam seus medos, suas alegrias, sua raiva, seu amor. Onde se afetam, no sentido mais pleno da palavra.

Tempos depois fui convidada a ser coordenadora pedagógica desses dois segmentos, o que possibilitava trazer também o olhar da facilitadora na coordenação e mediação dos projetos e propostas, o olhar das relações e da integração entre sensação, pensamento e ação. Acolhi as duas funções e, é claro, uma permeia a outra com amorosidade e afeto.

Estamos a caminho do terceiro ano deste processo e ainda hoje me encanta o desejo das crianças (a maioria delas) pelas aulas de Biodanza.

Uma outra observação importante é sobre os movimentos diferentes de cada grupo em específico, levando-me a algumas reflexões sobre a influência dos adultos, da família e da escola sobre nossas crianças.

Como é uma das aulas especializadas da escola, numa mesma tarde, semanalmente, facilito quatro grupos de crianças, divididos por séries. É nítido como o movimento das turmas da Educação Infantil e do primeiro e segundo anos do Fundamental I é muito mais espontâneo e entregue se comparado aos alunos(as) do terceiro ao quinto ano. Nesses últimos, alguns movimentos já apresentam certa rigidez, e o julgamento de valores também aparece com muita clareza. Algumas couraças já se mostram, e o trabalho de desacelerar, entrar em contato consigo e com o outro, e de autorização para uma expressão afetiva do que sentem é muito necessário. Para tais grupos, as aulas tomam esse caminho como base, invariavelmente.

Uma triste constatação perceber o quanto afetamos, enquanto adultos, de maneira negativa, nossas crianças. A infância precisa ser preservada e cuidada e a Biodanza na escola e na vida é um facilitador e uma ferramenta para isso. Mais lindo ainda seria que pais, professores e funcionários do lidar com as crianças pudessem aceitar o convite de mergulhar na proposta da Biodanza. Quem sabe não estamos começando a caminhar nessa direção?

A chegada da Biodanza na AEN deu-se (e ainda se dá) de forma progressiva – uma característica de qualquer processo neste Sistema. É o tempo das coisas serem, o tempo de maturação, o tempo de cada um poder se entregar. Hoje podemos dizer ser a AEN a primeira escola, no Rio de Janeiro, a ter Biodanza para crianças no currículo. Um diferencial único no campo educacional! O corpo que se move dentro dessa escola está permeado pelas sensações que o afetam, e isso me faz escolher esse espaço novamente e quantas vezes necessário for, como mãe, educadora e facilitadora de Biodanza, no desejo de ver mais escolas ampliando essa capacidade afetiva de promover uma educação para a vida.

Depoimento Escola AEN
(Associação Educacional de Niterói)

"Quando convidei a Bia para dar aula de Biodanza, eu estava sentindo as crianças da escola muito agitadas, falando sem parar, não parando para ouvir. Por sua vez, via outras crianças muito tímidas e sem se expressar. Nós discutimos muito sobre isso com os pais, sobre o pouco espaço que as crianças têm hoje em dia para falar com as famílias sobre o que estão vivendo e sentindo, e até mesmo com os próprios professores, apesar de na nossa escola haver espaço bem aberto a isso. Então, entendi a Biodanza como algo muito interessante neste sentido. E por isso fiz o convite.

Apesar de eu não fazer as aulas e não estar dentro da sala, era evidente crianças mais tranquilas, ouvindo mais, falando mais sobre o que estão sentindo, mais cuidadosas umas com as outras. Não temos observado muitos conflitos entre eles, e quando ocorrem são facilmente resolvidos.

Outra coisa interessante observada é que, como Bia atua hoje também na coordenação pedagógica e as crianças compartilham com ela o que estão vivenciando nas aulas de Biodanza, é possível trabalhar com alunos e professores tais questões.

A Biodanza na escola exercita nas crianças, e consequentemente em todos os adultos, o falar a partir do que se sente. Como a Bia ressalta, na sociedade atual costumamos falar do que pensamos, mas ela nos convida, com a Biodanza, a falar a partir do que sentimos. Para nós, enquanto escola, é fundamental saber o que nossos alunos sentem e, desta forma, poder ajudar, compartilhar com as famílias e acolhê-los sempre que necessário."

Elaine Boechat
Diretora da AEN
Associação Educacional de Niterói

BIODANZA NA CRECHE-ESCOLA UERIRI
Julia Medeiros

Conheço a Ueriri há muitos anos... Foi a escola escolhida por minha mãe para a minha irmã, hoje com 33 anos, e a escolha deu-se exatamente pelo fato de a escola na época ser considerada acolhedora. Minha mãe dizia parecer "casa de vó". Então, sempre tive um carinho muito grande por essa instituição. Quando minha filha nasceu, embora morássemos no Grajaú, eu e meu marido optamos por levá-la para esse lugar cheio de acolhimento, no Humaitá. Ao chegar para visitar dei-me conta de que algumas professoras / cuidadoras estão lá desde a época em que minha irmã frequentava, o que me fez sentir mais segura da nossa escolha.

Em 2016, ao conversar a respeito da Biodanza com a Ana Paula e a Silvana, respectivamente diretora e coordenadora pedagógica da escola, elas consideraram uma proposta interessante para a turma do primeiro ano, justamente por estar precisando de um trabalho de integração por conta da grande agitação apresentada.

Combinamos fazer uma experiência para saber se a turma aceitaria a Biodanza como um recurso de ajuda. Nos primeiros dias de aula percebi que se tratava de uma turma agitada mas que adorava ouvir histórias: após ouvir um conto ou um mito, eles entravam na proposta da aula facilmente... Assim passei a contar histórias e fazer da aula uma grande fábula.

Iniciamos o processo das aulas de Biodanza em maio, e em julho já pudemos perceber a turma começando a dar sinais de estar mais atenta. No final do ano entendemos que o trabalho realizado foi além das expectativas, com as crianças não apenas mais concentradas nos estudos, como também mais atentas a si mesmas e ao outro.

Nesse momento, as crianças do Jardim 3 (turma que antecede o primeiro ano) foram conversar com a Ana Paula sobre quando elas iniciariam as suas aulas de Biodanza também; afinal de contas a turma do primeiro ano daquele ano havia frequentado as aulas! Assim, Ana Paula pediu-me para manter o trabalho em 2017, com o grupo de primeiro ano.

As características dessa segunda turma eram diferentes, embora a ansiedade e agitação natural de uma turma prestes a "aprender a ler" estivessem presentes. Eu tinha alunos mais tímidos do que no grupo anterior. Da mesma forma, fui buscando um caminho de fácil acesso a eles. Depois de muitas tentativas e um trabalho de "garimpo", percebi que entravam facilmente na proposta das aulas se pudessem dramatizar.

Assim, busquei adaptar as aulas a uma grande peça de teatro e eles faziam parte como atores que dançavam, mas podendo no final interpretar e usar de falas também... Assim as crianças foram elaborando suas questões e no final do ano as percebemos bastante engajadas no processo e se respeitando mais.

O percebido nessas duas experiências de Biodanza na escola foi as crianças aprendendo em pouco tempo a pulsar entre os momentos de ação/ agitação e os de descanso/desaceleração. E compreendi: no momento em que deixei minha intuição agir em primeiro lugar, consegui acessar a turma, fosse através da contação de história ou da dramatização. Dessa forma, as crianças mais agitadas foram acalmando e as mais tímidas foram aprendendo a se expressar com maior facilidade e ocupar seu espaço no mundo. Houve uma troca rica entre as crianças de forma mais saudável e respeitosa.

Na medida em que o grupo aprofundava e expressava seus sentimentos e emoções, eu tinha possibilidade de ir propondo exercícios mais lentos e de entrega. Eles seguiram juntos e foi muito lindo acompanhar de perto todo esse processo de entrega e abertura da turma comigo.

Depoimento Creche-Escola Ueriri

"Em 2016 iniciamos, com a turma da 1ª série do ensino fundamental, os encontros de biodança com a Julia.

Julia, mãe de uma aluna da escola, havia conversado conosco sobre seu trabalho com grupos de crianças que vinha realizando numa outra escola. Ouvindo seus relatos de intervenção, percebemos tratar-se de experiências muito positivas para as crianças de 6 a 7 anos que estavam vivendo momentos de mais desafios, por conta da alfabetização e também por ser aquele o último ano de permanência delas na Ueriri, uma escola de educação Infantil.

Consideramos tais situações novas vividas pelos alunos motivos bastante concretos para criarmos um tempo e espaço na rotina, onde eles pudessem, de alguma forma, expressar seus conflitos e resgatar mais confiança em si próprios e nos amigos.

Durante o ano, o grupo foi se conhecendo e criando situações facilitadoras da interação. Houve momentos onde os conflitos surgiam de forma mais intensa, já outros favoreceram as expressões de afeto e colaboração.

Julia, durante este processo, esteve sempre trocando informações comigo e com a professora, que, por sua vez, lhe repassava informações do comportamento do grupo e de como cada criança vinha respondendo ao trabalho da Biodanza.

Constatamos ter havido, aos poucos, um amadurecimento do grupo no sentido de respeitar as diferenças e superar os conflitos com os amigos.

Com algumas crianças, especialmente, observamos maior capacidade de expressar seus aborrecimentos e, dessa forma, conseguir dos amigos maior cumplicidade. Em relação às crianças mais tímidas, notamos que começaram a mostrar-se mais descontraídas.

No final do ano, podíamos conversar com mais tranquilidade sobre a próxima escola, e sempre surgiam conversas divertidas e animadas.

Avaliamos com Julia e a direção da escola esta primeira experiência e decidimos continuar em 2017 com o novo grupo da 1ª série. Com diferenças em relação ao grupo do ano anterior, tais crianças foram também construindo suas identidades, percebendo formas diferentes de lidar com as situações e aceitando com mais tranquilidade e confiança os desafios da alfabetização.

Silvana A. Continentino
Orientadora Pedagógica
Creche-Escola Ueriri

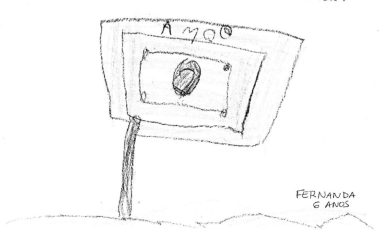

Desenho da Fernanda / 6 anos

E NA PRÁTICA, COMO SERIA?

"É importante destacar que a felicidade não aparece em um campo minado. Ela invade, sem pedir licença quando há uma possibilidade de emergir. Isso significa que existe um exercício cotidiano, lento, prazeroso, um exercício de amor, que é um convite para que a felicidade apareça. Sem o exercício cotidiano do amor, é impossível que a felicidade apareça. Costumo dizer que a escola precisa se converter em um lugar para a realização de uma pedagogia do suspiro." Elisa Gonçalves

Nas páginas a seguir oferecemos a vocês algumas sequências de aulas que criamos de acordo com as necessidades de nosso grupo em Niterói. Dessa maneira, podemos vislumbrar de forma prática a aplicação do Sistema com as crianças.

Escolhemos algumas aulas de foco, porque naquele momento percebíamos a necessidade do grupo de focar sua atenção em entender e integrar suas emoções, pois as crianças viviam momentos de mudanças familiares de diferentes ordens.

Em seguida pudemos perceber a necessidade de uma escuta mais afetiva. Aprender a ouvir e ser ouvido e dar o tempo de silêncio entre as falas... O tempo de sentir. Assim, criamos uma sequência de aulas sobre escuta onde pudemos trabalhar e aguçar a escuta interna (que já estava acontecendo de forma bem lenta e progressiva) e a escuta do desejo do outro e do mundo. As crianças entravam na aula de um jeito e "parecia que seus ouvidos haviam aumentado de tamanho" ao final dela. Assim, foram experimentando escutar a si e ao outro com naturalidade e sensibilidade.

Depois, elaboramos um projeto maior, com duração de quase um ano, que visava adentrar no fortalecimento da identidade do grupo. Iniciamos esta sequência de forma tímida e não tínhamos a noção de que ela duraria todo esse tempo e de que seria tão aprofundada. A este projeto demos o nome de Árvore e o iniciamos contando a história e mostrando a foto do Baobá (uma das maiores árvores em extensão do mundo).

Deste projeto escolhemos as aulas mais significativas e ao final delas pudemos perceber o quanto nossos(as) alunos(as) haviam crescido enquanto seres únicos e enquanto grupo. Percebemos a ampliação do vínculo afetivo e da integração entre eles.

Disponibilizamos ainda um exemplo de aula das crianças com suas famílias, feita ao longo do processo do grupo.*

Ao final, também oferecemos uma lista de sugestões de músicas que fomos descobrindo ao longo do processo e os respectivos exercícios em que podemos utilizá-las.

Desejamos que se inspirem!

---

* É fundamental ressaltar que todas as sugestões de aulas, músicas e exercícios só poderão ser facilitados por facilitadores titulados, devidamente registrados, ou em fase de titulação (com supervisão) e especializados em Biodanza com crianças.

AULA FOCO 1

Beatriz Câmara
Julia Rodrigues

Exercício: Sinal verde e vermelho
Objetivo: Foco

EXERCÍCIO	MÚSICA	CONSIGNAS
1. Roda inicial	"Bolacha de água e sal" Palavra Cantada 2:56	Iniciaremos hoje nessa roda com algumas aulas sobre foco. Vocês já ouviram falar em foco? O foco ajuda-nos a ter direção, a escolher caminhos na vida. Entrando em contato com você, dance de acordo com o ritmo da música que chegará.
2. Caminhar com foco	"I want break free" Queen 4:20	Caminhar com foco pode ser caminhar com determinação... com direção. Iremos ocupar os espaços vazios da sala com o nosso caminhar e entrar em contato com os nossos objetivos na vida.
3. Sinal verde e vermelho	"King Mickey" [Mickey Mouse march] Walt Disney World 0:59	Na vida em diversos momentos precisamos estar em alerta para não correr perigo. É o que acontece no trânsito: para que tudo corra bem, os motoristas precisam respeitar as leis e estarem atentos a elas. Essa vivência será realizada com instrumentos, onde cada um toca seu instrumento, e quando ouve o sinal vermelho, representado por um apito, todos precisam parar de tocar; e quando ouvem um som de reco-reco, todos voltam a tocar.

4. Caminhões	"Vamos fugir" Elba Ramalho 3:49	Cada bambolê será um caminhão e cada um de nós irá escolher o seu e o que carregará nele: areia, água, brinquedos, alegrias, tristezas. Quando a música parar, trocamos de caminhão e escolheremos novamente algo para transportar nele.
5. Caminhar lento	"Don't worry be happy" Bobby McFerrin 4:48	Às vezes precisamos dirigir bem devagar, quando em trânsito, quando tem chuva... Agora iremos caminhar mais lentamente, no ritmo da música.
6. Segmentar de pescoço	"If" Pink Floyd 4:25	Vamos relaxar, relaxando o nosso pescoço... O pescoço passa o dia inteirinho dando suporte à nossa cabeça; além de pesada, ela tem muitos pensamentos... Vamos descansar, girando o pescoço para um lado apenas ao ritmo da música.
8. Roda final	"Anjo da guarda" Tribalistas 54 Bs As Vitalidad Creatividad Danza Liviana 2:36	Estaremos atentos a como estamos nos sentindo agora e como nos sentimos nesse grupo.

7. Ninho	"Meu anjo sim" Mônica Salmaso & Palavra Cantada 2:34	Na vida há momentos em que precisamos descansar a sós, e em outros momentos precisamos descansar em grupo, aninhados... Vamos deitar juntinhos, sentindo a nossa respiração...
8. Levantar	"Pode entrar" Fafá de Belém 4:21	Lentamente, com a chegada da música, vamos levantando, bem devagar...
9. Roda final	"Redescobrir" Elis Regina 4:06	Quando a gente se dá conta e está atento à nossa importância e nosso lugar no mundo, é uma alegria só... Então, que cada um de nós possa se dar conta do nosso valor, do valor do outro e desse grupo.

Aula Foco 2

Beatriz Câmara
Julia Rodrigues

Exercício: Coelho na toca
Objetivo: Foco

Exercício	Música	Consignas
1. Roda inicial	"Eu quero mais" Beth Carvalho 2:25	Vocês já ouviram falar em atenção? Precisamos estar atentos a nós mesmos e ao outro... E que nessa roda inicial a gente possa estar mais atento e cuidar da gente e do grupo.
2. Caminhar com *stop*	"Filá" Chico Cesar 2:55	Teremos atenção em diversos momentos, e às vezes é bom estar atento à hora de parar, à hora de estar com a gente mesmo...
3. Coelho na toca	"O Coelho" Marco Camargo R. Borin / Luca Salvia Arca Dos Bichos 2:44	Os animais também precisam de atenção para se proteger... Imagina se o coelho está distrído, próximo a um leão faminto... Ele precisa se cuidar para que nada aconteça a ele e seus amigos... Por isso entraremos na toca cada vez que a música parar, para nos protegermos de qualquer perigo.
4. Sincronização	"Arenero japonês" Johnny Maddox 2:17	É bom poder compartilhar com o outro uma dança, onde não prevalece o eu mas sim o nós, onde estaremos atentos ao que o outro quer e também mostrar o que queremos de acordo com o movimento.

5. Segmentar de ombros	"Be here now" George Harrison 4:09	Estaremos atentos ao ombro, parte do nosso corpo que sustenta as costas e que precisa estar descansado para que tudo corra bem...
6. Ninho	"The shadow of your smile" Toots Thielemans 2:46	Vamos nos aninhar estando atentos ao outro, para que a gente escolha uma posição sem que para isso eu precise estar por cima ou por baixo de outras crianças.
7. Levantar	"Canto do povo de um lugar" Caetano Veloso 4:17	Lentamente vamos acordando nossos pés, nossas mãos, nossa barriga... vamos levantando bem devagar olhando em volta para ver se alguém precisa de ajuda para levantar.
8. Roda final	"Anjo da guarda" Tribalistas 2:36	Estaremos atentos a como estamos nos sentindo agora e como nos sentimos nesse grupo.

Aula Foco 3

Beatriz Câmara
Julia Rodrigues

Exercício: Jogo de Palmas
Objetivo: Foco

Exercício	Música	Consignas
1. Roda inicial	"Tô voltando" Simone 3:57	Vamos sentir como estamos agora e a partir dessa sensação e do ritmo da música que chegar, dançaremos na roda.
2. Caminhar dos bichos	"Cada Bicho Tem" conversa de bicho 2:51	Os animais têm jeitos bem diferentes de ser e de se expressar... Nós humanos podemos ser como quisermos e podemos experimentar ter comportamentos diferentes em cada situação. Estaremos atentos à música e seguiremos imitando cada animal com suas peculiaridades.
3. Submarino	"Yellow submarine" Beatles 2:37	Estaremos no mar nadando e nos divertindo, e quando algo perigoso aparecer estaremos atentos para buscar um lugar seguro para nós e todo o grupo. Assim, quando a música parar iremos para cima de um submarino amarelo que está na superfície do mar.

4. Jogo de palmas	"The more I see you" Chris Montez 2:36	Precisamos do outro em diversos momentos da vida, e um deles é em brincadeiras que não conseguimos brincar sozinhos. Uma dessas brincadeiras é o jogo de palmas...
5. Sincronização	"Ja Da" The New Orleans Banjo Band 4:08	Vamos lentificar, dançando junto com o amigo, criando movimentos que são nossos...
6. Ninho	"La petite fille de la mer" (album L'apocalypse des animaux) Vangelis 5:56	Ficaremos juntinhos, sentindo a nossa respiração, sentindo cada parte do nosso corpo.
7. Levantar	"Canto do Povo de um lugar" Caetano Veloso 4:12	Ao ouvir a música iremos seguir levantando bem devagar... vamos sentindo nossos pés, mãos...
8. Roda final	"Depois de" Palavra Cantada 1:03	Hoje pudemos brincar e tocar o outro de forma a estarmos mais atentos e cuidadosos.

AULA FOCO 4

Exercício: Telefone sem fio
Objetivo: Foco

Beatriz Câmara
Julia Rodrigues

Exercício	Música	Consignas
1. Roda inicial	"Sítio do pica-pau amarelo" Gilberto Gil 3:15	Que nessa roda inicial a gente entre em contato com a música; vamos ouvir os detalhes da letra, da melodia...
2. Caminhar com *stop*	"Que beleza" Monobloco (Ao vivo) 4:53	Na vida passamos por momentos em que nos sentimos dispersos; então, que com esse exercício a gente possa estar mais atento aos momentos de parar.
3. 1,2,3,4	"Farofafá" Carrossel 3:00	Brincar é muito importante para todos os seres humanos. A partir da brincadeira a gente aprende um monte de coisas que são importantes, dentre elas podemos aprender a escutar melhor... Vamos prestar atenção: cada vez que um número é dito, ele nos mostrará que: 1- Andaremos sozinhos 2- Andaremos em dupla 3- Faremos um trenzinho 4- Faremos uma roda

4. Ilha	"Um Mar De Aventuras" Seu Lugar (Brazilian Portuguese Movie Version) Filme Moana 4:44	Várias almofadas no centro formam uma ilha. Vamos dançar no mar, com os peixinhos, e quando a música parar, iremos nos proteger na ilha... um amigo ajuda o outro a chegar na ilha. A cada pausa na música, uma almofada é retirada até que no final teremos apenas uma para o grupo se apoiar.
5. Caminhar com motivação afetiva	"Beija-flor" Emílio Santiago 4:05	Vamos sentir o nosso caminhar de forma lenta...
6. Telefone sem fio	(Sem música)	Todos nós gostamos de atenção, queremos ser escutados. Iremos escutar o outro e passar adiante a informação ouvida, até que todos em uma roda possam estar atentos ao que o outro diz.
7. Ninho	"Estupenda graça" Pat Metheny 2:45	Vamos nos aninhar, juntinhos, sentindo a respiração, sentindo a presença do(a) amigo(a) que está do nosso lado...
8. Levantar	"Canto do Povo de um lugar" Caetano Veloso 4:12	Com a chegada da música, levantaremos lentamente, o mais lentamente que conseguirmos.
9. Roda final	"Bate coração" Elba Ramalho 3:26	Vamos festejar a nossa escuta, o poder se abrir para escutar a nós mesmos e ao grupo.

Aula Escuta 1

Beatriz Câmara
Julia Rodrigues

Exercício: Carinho no ouvido
Objetivo: Trabalhar a escuta

Exercício	Música	Consignas
1. Roda inicial	"Margarida perfumada" Emílio Santiago 3:54	Na vida precisamos aprender a ouvir, ouvir nosso coração, ouvir o nosso desejo e o do outro... E que nessas aulas seguintes a gente possa exercer a escuta de forma mais simples e delicada.
2. Caminhar com atenção; *stop*	"Baião" - Os ritmistas brasileiros Luciano Perrone & ritmistas brasileiros 1:27	Escutar os momentos de parar são essenciais na vida... É preciso saber quando, e o motivo de parar que nos for solicitado... vamos parar quando a música parar também.
3. Batatinha frita 1,2,3	"Batatinha frita um, dois, três" Brincadeira cantada	O chefe do grupo fica virado de costas e diz: "Batatinha frita um, dois, três". Depois, ele se vira para os outros. O grupo tem que avançar para chegar até o chefe antes de ele virar, pois quando ele vira todos têm que se transformar em estátuas. O chefe dá uma olhada no grupo, vira de costas e fala novamente a frase. O chefe irá exercitar a escuta do grupo todo correndo para próximo dele.

4. Telefone sem fio	(Sem música)	Quem já brincou de telefone sem fio? Em vez de falarmos uma palavra, falaremos uma pequena frase com três palavras... Vamos exercitar o escutar o outro.
5. Sincronização (escutar as mãos do outro)	"Sweet Lorraine" Raízes do Jazz 2:41	Nesse exercício vamos exercitar o escutar as mãos do outro. O que o outro deseja? Como posso escutar as mãos do amigo?
6. Carinho no ouvido (sozinho ou em grupo)	"Because" The Beatles 2:41	Sentados em roda, cada criança faz um carinho no ouvido do amigo.
7. Desenho de escuta	(Sem música)	Desenhar os sons que você mais gosta e os sons que você não gosta de ouvir.
8. Ninho	"Meu anjo" Monica Salmasso 2:34	Vamos deitar juntinhos e descansar, sentindo a presença de cada um.
9. Levantar	"Pode entrar" Fafá de Belém 4:21	Levantar devagar junto com o amigo.
10. Roda final	"Bim bom" Adriana Calcanhoto 3:35	Vamos dançar na roda e ao ouvir "bim bom" iremos dar pulinhos...

Aula Escuta 2

Beatriz Câmara
Julia Rodrigues

Exercício: Canto do *nome*
Objetivo: *Escutar* a si e ao outro

Exercício	Música	Consignas
1. Roda inicial	"Primavera" Vivaldi [*versión flamenca*] 3:33	Roda com variações... Na vida, às vezes deixamos de escutar e deixamos passar algo de importante. Que nessa roda de hoje a gente possa sentir e escutar as variações de ritmo e acompanhar seguindo junto.
2. Caminhar ouvindo os sons dos pés criando sons para cumprimentar os amigos	"Andar com fé" Gilberto Gil 3:19	Vamos seguir escutando os sons que podem ser produzidos com o corpo... Ao encontrar um amigo, vamos cumprimentá-lo criando algo sonoro para ele...
3. Cabra cega	Música cantada por nós	Exercer a possibilidade de fechar os olhos e se entregar em uma brincadeira onde todos estão vendo e você não, experimentar essa sensação de poder aguçar sua audição, ampliar o ouvir... Um dos participantes, de olhos vendados, procura adivinhar e agarrar os outros. Aquele que for agarrado, passará a ficar com os olhos vendados... Nessa brincadeira, o cabra-cega irá se guiar pelo som que as outras crianças criarem e emitirem.

4. Jogo bingo sonoro	Sons do jogo (material que contêm sons de animais, sons urbanos ou de objetos que emitem som) 3:00	Vamos acordar mais uma vez nossos ouvidos para perceber os sons vindos do jogo.
5. Sincronização rítmico-melódica	"Curió" Estrelinhas 2:44	Na vida podemos dançar juntos e sentir o ritmo do outro... podemos escutar o que o outro quer nos dizer sem usar as palavras, basta estarmos atentos.
6. Ninho	"Só Quero Ver" Palavra Cantada 4:03	O ninho é acolhedor, e se a gente pode escutar a nossa respiração, o nosso coração, pode ser melhor ainda.
7. Canto do nome	(Sem música)	As crianças deitadas em ninho, as facilitadoras cantam o nome de cada uma delas... Criamos uma melodia para elas escutarem.
8. Roda de ativação lenta	"Lá de longe" Tribalistas 2:56	Levantando devagarinho e ajudando o amigo ao lado a se levantar juntinho.
10. Roda final de celebração	"Circle of Life" O Rei Leão 4:06	Roda de celebração da nossa escuta... do nosso cuidado de buscar ouvir o que o outro quer nos dizer.

AULA ÁRVORE 1

Beatriz Câmara
Julia Rodrigues

Exercício-Chave: Dança no chão
Objetivo: Integração afetiva

Exercício	Música	Consignas
1. Roda inicial	"Mama África" Fiorella Mandia & Chico Cesar 3:20	Na vida precisamos criar raízes para nos sentir mais seguros... vamos iniciar uma sequência de aulas sobre a árvore... e na aula de hoje falaremos sobre as raízes... sobre a terra que recebe a árvore e cuida para que cresça mais forte e bonita.
2. Caminhar a dois, a três, com alegria	"Baião" Os ritimistas brasileiros 1:29	Caminhar sentindo o ritmo da terra... batendo os pés no chão, ouvindo o som brotado de nossos pés.
3. Amarelinha com barbante	"Batucada" batucada brasileira 7:37	Iremos agora brincar de forma a sentir novamente nossos pés na terra, nossos pés no chão... Como é a textura desse chão? Como meus pés se sentem nessa brincadeira de amarelinha?
4. Árvore Baobá	"Kyrie" Missa Luba 2:01	Abraçar a árvore... Nesse exercício iremos imaginar uma árvore no centro... é como se todo o grupo pudesse dançar e abraçar essa árvore num gesto de união e respeito à natureza. Todos dançam, e quando a música parar todos seguem para o centro da sala e farão uma roda de abraço, como se abraçássemos uma árvore imaginária.

5. Minhoca	"Banana boat" Harry Belafonte 3:06		Todo o grupo será agora a minhoca que ajuda a fazer a terra mais produtiva... vamos fazer um trenzinho abraçados pela cintura e juntinhos vamos caminhando pela sala.
6. Dança das raízes	"Presence" do Album *Clair de Lune)* 5:28		Seremos as raízes que dançam e crescem pela terra... Dançaremos as raízes que são a base da árvore. É uma dança livre no chão...
7. Desenho da raiz	"Naima" Angelique Kidjo 4:34		Já dançamos os pés, a minhoca, agora iremos desenhar as raízes... desenhar o que acreditamos que nos sustenta, que forma nossa base na vida...
8. Ninho	"Vilarejo" Marisa Monte 3:25		Vamos nos aninhar nas raízes dessa árvore, todos juntinhos... pertinho um do outro em contato com essa enorme e linda árvore.
9. Roda de ativação lenta	"Canto do povo de um lugar" Caetano Veloso 4:14		Devagarzinho, quando a música chegar, iremos levantando... um pode ajudar o outro a levantar lentamente.
10. Roda final de celebração	"Pomar" Palavra Cantada 3:04		Que nessa roda final a gente possa celebrar os futuros frutos que a nossa árvore nos dará, nos oferecerá...

AULA ÁRVORE 2

Beatriz Câmara
Julia Rodrigues

Exercício: Carinho nos pés
Objetivo: Colagem dos pés na base da árvore de papel

Exercício	Música	Consignas
1. Roda inicial	"Lavadeira do rio" Lenine 3:58	Seguiremos nas raízes da árvore...Vamos dançar focando nos nossos pés.... Como eles se sentem? Como eles ficam quando estamos aqui juntos nesse grupo?
2. Caminhar com foco	"Que beleza" Monobloco 4:53	Nossos pés podem seguir por onde quisermos; então, que hoje a gente possa seguir pela sala escolhendo onde nossos pés passarão, sentindo as texturas do chão... sentindo os pés...
3. Batatinha frita 1,2,3	"Batatinha frita um, dois, três" Brincadeira cantada	Na vida, às vezes precisamos correr e parar em seguida, muitas vezes de forma brusca... Vamos colocar nossos pés para correr e parar, na brincadeira da Batatinha frita 1,2,3...
4. Caminhar desacelerado	"Leãozinho" 3:56	É preciso aprender a desacelerar também e caminhar tranquilamente. Como nossos pés se sentem ao caminharmos assim de maneira mais lenta?
5. Carinho nos pés	"Naima" Angelique Kidjo 4:34	Vamos fazer uma dança de carinho em nossos pés como uma forma de agradecermos por eles estarem aqui... saudáveis... cheios de vida e por fazerem parte de nossa base.

6. Colagem dos pés - raízes	"Naima" Angelique Kidjo 4:34	Desenharemos nossos pés e depois colaremos na base da árvore que iremos produzir no decorrer dessas aulas sobre árvore.
7. Ninho	"My darling child" 3:07	Deitaremos em círculo encostando apenas as nossas bases, os nossos pés nos pés dos amigos, e assim descansaremos juntos.
8. Levantar	"Fico assim sem você" Adriana Calcanhoto 3:09	Levantaremos juntos formando uma base grupal de pés e raízes.
9. Roda final	"Girassol" Jane Duboc 3:12	Celebraremos a primeira parte da nossa árvore de papel pronta... nossa raiz, nossa base.

Aula Árvore 3

Denizis Trindade
Beatriz Câmara
Julia Rodrigues

Exercício: Equilíbrio e espreguiçar
Objetivo: Equilíbrio e confiança

Exercício	Música	Consignas
1. Roda inicial	"Bolacha de água e sal" Palavra Cantada 2:53	Já formamos uma base, agora iremos fortalecer o tronco dessa árvore, dessa árvore que faz parte de mim e faz parte também do grupo como um todo que somos nós.
2. Caminhar com determinação	"I wan't be free" Queen 4:20	E que nessa caminhada a gente possa perceber o nosso tronco... Como ele está? Curvado? Se sentindo seguro? Inseguro? Sinto dor em alguma parte?
3. Agarrar a oportunidade	"Start me up" The Rolling Stones 3:35	Depois de sentir nosso tronco iremos agarrar outros troncos por aí...
4. Boneca de lata	"Boneca de lata" Bia Bedran 3:18	Vamos sentir e perceber algumas partes do nosso corpo: cabeça, braços, tronco, pernas e pés. Soltando e liberando nossos movimentos, e integrando.
5. Sincronização rítmico-melódica	"Over the rainbow" What a wonderful world - Israel Kamakawiwo'ole 4:57	Vamos dançar juntos, de mãos dadas. e ainda percebendo como nosso corpo está se sentindo.
6. Esticar pode ser no chão ou em pé	"Taxi driver" Bernard Herrmann 4:09	Vamos nos esticar o máximo que pudermos, alongar nosso tronco.

7. Desenho do tronco	"Vilarejo" Marisa Monte 3:25	O grupo desenha o tronco na árvore de papel que estamos construindo.
8. Roda de Embalo	"My darling child" Sinead O'Connor 3:07	Momento de descansar e poder relaxar nosso tronco junto com os troncos dos nossos amigos do grupo.
9. Roda final	"Estão voltando as flores" Emilio Santiago 3:34	Com o tronco seguro, fortalecido, podemos construir nossa copa, e as flores têm possibilidade de voltar a florescer...

AULA ÁRVORE 4

Beatriz Câmara
Julia Rodrigues

Exercício: Posição geratriz de valor
Objetivo: Fortalecer o vínculo comigo e com o grupo

Exercício	Música	Consignas
1. Roda inicial	"Bom dia" Zizi Possi 3:07	Na aula de hoje entraremos em contato com o poder, a força que existe dentro de nós.
2. Caminhar em dupla	"Que beleza" - Gal Costa 4:41	Poder de caminhar... com firmeza na companhia de um amigo ou amiga, sentindo o chão.
3. Futebol	"Todo mundo" Gaby Amarantos e Monobloco 3:18	Poder de estar em grupo... Tomar decisões juntos.
4. Caminhar	"Opetaia" Pra Ir Além Filme Moana 2:39	Caminhar no ritmo percebendo nossos objetivos, lembrando que juntos somos mais fortes.
5. Posição geratriz de valor com a dança	"Eric's theme" Carruagem de fogo Vangelis 4:21	Os super-heróis fazem essa posição para acessar e entrar em contato com o seu poder... sua força.
6. Construção do tronco da árvore	"Mbube " (The Lion Cries) Miriam Makeba 4:59	Desenhar o tronco.
7. Ninho	"Coisa mais linda" Caetano 3:17	Vamos nos aninhar juntinhos e descansar no nosso ninho.
8. Roda final	"Seja feliz" Marisa Monte 2:59	Roda de celebração dos novos troncos que estão se formando e do tronco desse grupo que cada vez mais se fortalece.

AULA ÁRVORE 5

Beatriz Câmara
Julia Rodrigues

Exercício: Dança da semente
Objetivo: Mudança com leveza

Exercício	Música	Consignas
1. Roda inicial	"Estão voltando as flores" Emílio Santiago 4:10	A aula hoje é de celebração da árvore que se formou, da árvore que foi construída individualmente e em grupo, e dos frutos que essa árvore pode semear para que se formem outras possibilidades de árvores...
2. Acordando as partes da árvore	"Desengonçada" Bia Bedran 3:59	Quando a música chegar, dançaremos fazendo o que ela sugere.
3. Liberação de movimento	"Rock around the clock" Bill Haley & his Comets 2:20	Vamos deixar para trás tudo que a gente não quer mais da antiga árvore, para poder criar uma árvore nova, mais saudável e feliz.
4. Encontro no centro	"Aaj mera jee kardaa" (Today my heart desires) (do filme Casamento à indiana) Mychael Danna 5:23	O centro é onde tudo se constrói... onde se dá o fim e o início... Vamos dançar! Quando a música tocar nos encontraremos no centro da sala com uma abraço enorme de todos...

5. Caminhar desacelerado	"The dark night of the soul" Lorena McKennitt 6:47	Mais nutridos, iremos nos preparar para virarmos sementes... e assim continuar frutificando pelo mundo... É um caminhar lento de transformação.
6. Dança da semente	"Allegro non molto Inverno" Vivaldi 3:28	Vamos virar sementes e ouvir a música.... quando sentirmos que é chegada a hora da transformação, iremos crescendo e sendo as árvores que quisermos... dançaremos como árvores, e, depois, com as outras árvores.
7. Dançar espalhando os frutos (bolinhas de sabão)	"Jardim da fantasia" (arranjo com orquestra) Pedra Azul Paulinho Pedra 4:24	Seguimos dançando e semeando... jogaremos nossas sementes pelo mundo. As sementes aqui serão representadas por bolinhas de sabão, que serão espalhadas pela sala, e pelo ar...
9. Roda final	"The days of dancing" Máire Brennan 5:26	Esta roda celebra o final e o início de um ciclo que não para de crescer e se transformar... Ela traz o agradecimento do estar junto e o estar pertencendo a nós mesmos e ao grupo.

AULA COM FAMÍLIAS

Beatriz Câmara
Julia Rodrigues

Exercício: Caminhar guiado pelo outro
Objetivo: Confiança, integração grupal

Exercício	Música	Consignas
1. Roda inicial	"Toda criança quer" Palavra Cantada Pé com Pé 3:18	Hoje nossa aula é junto com nossa família, que nos presenteou com a vida. Cada família tem características bem próprias, bem suas... E que nessa dança a gente possa sentir a presença afetiva dessas pessoas tão queridas e especiais para nós.
2. Caminhar com motivação afetiva	"Aquele abraço" Tim Maia 5:09	Caminhar na vida é um gesto de amor com a gente. Significa ir no mundo, na vida... Mas saber que podemos seguir e que, quando precisar ou quiser, teremos um porto seguro para abraçar é maravilhoso! Vamos caminhar pela sala e ao ouvir na música a palavra abraço, encontraremos nossa família para abraçar e depois retornaremos à caminhada.
3. Espelho em roda com a família no centro	"Acordeon animado" Cecilia Luzzi 2:14	A família mostra sua dança no centro da roda...
4. Equilíbrio/ corda	"La musgaña" - Cecília Luzzi 2:46	Com um barbante no chão, as famílias irão brincar de equilibristas... enquanto um membro anda na corda os outros seguem ao lado, dando força... e ao final acolhem a "equilibrista" com um abraço.

5. Caminhar de olhos fechados guiado pelo outro	"All souls night" Loreena McKennitt 5:09	Entregar-se é um ato de amor... poder se entregar à nossa família fortalece os laços.
6. Encontro com as famílias e depois com as outras famílias	"Lendas da paixão" James Horner 5:47	Reconhecer e agradecer à nossa família, principalmente, pela oportunidade de vida é um presente que se estende ao aqui e agora. Ver as outras famílias e poder abraçá-las também faz com que possamos ter uma conexão com a espécie humana, com toda a história dos nossos ancestrais...
7. Roda de embalo	"My darling child" Sinead O'Connor 3:07	Descansar e sentir o embalo e o calor dessas famílias nesse grande abraço embalado...
8. Roda de ativação	"Trem das cores" Caetano Veloso 2:27	Devagarzinho, ao iniciar a música, vamos abrindo a roda e ativando aos poucos.
9. Roda final	"Agradecer e abraçar" Maria Bethânia 3:30	Vamos agradecer por esse momento tão lindo que pudemos vivenciar com as nossas famílias e as famílias de nossos amigos.

LISTA DE SUGESTÕES DE MÚSICAS
Beatriz Câmara e Julia Rodrigues

	MÚSICA	ESPECIFICAÇÕES	EXERCÍCIOS SUGERIDOS
1.	"A lavadeira do rio"	Lenine 3:58	Roda inicial com determinação
2.	"Baile Particumdum"	Adriana Partimpim 2:54	Roda inicial com alegria
3.	"Bolacha de água e sal"	Palavra Cantada 2:53	Roda inicial com determinação
4.	"Opetaia Foa'i/ Pra ir além"	Do filme Moana, Um Mar de Aventuras 2:39	Roda tribal
5.	"Cada bicho tem"	Conversa de Bicho 2:53	Caminhar das diferenças.
6.	"Pipoca"	Conversa de Bicho 2:01	Caminhar com salto
7.	"Saber quem sou"	Do filme Moana, Um Mar De Aventuras 2:40	Caminhar de identidade
8.	"Boneca de lata"	Bia Bedran 3:18	Brincadeira da boneca de lata
9.	"Rock das frutas"	A Turma do Seu Lobato 2:46	Dança das frutas
10.	"Seu lugar"	Do filme Moana, Um Mar De Aventuras 4:44	Brincadeira da ilha

	MÚSICA	ESPECIFICAÇÕES	EXERCÍCIOS SUGERIDOS
11.	"Surfar"	Pequeno Cidadão 3:35	Brincadeira da ilha
12.	"Try everthing"	Shakira, filme Zootopia 3:22	Coelho na toca Caminhões de areia
13.	"Todo mundo"	Gaby Amarantos e Monobloco 3:18	Futebol
14.	"Leãozinho"	Palavra Cantada 3:56	Caminhar desacelerado
15.	"Trenzinho caipira"	Adriana partimpim 3:42	Caminhar desacelerado
16.	"Vilarejo"	Marisa Monte 3:25	Roda de embalo
17.	"Da aurora até o luar"	Marisa Monte e Dadi 3:14	Ninho ou Levantar
18.	"Bim bom"	Adriana Calcanhoto 3:35	Roda final
19.	"Não é proibido"	Marisa Monte 3:18	Roda final com alegria
20.	"Pomar"	Palavra Cantada 3:04	Roda final com alegria
21.	"Seja feliz"	Marisa Monte 2:59	Roda final alegria
22.	"Touch the sky"	Do filme Valente 2:31	Roda com celebração

O QUE É, O QUE É?
Gonzaguinha

Eu fico com a pureza
Da resposta das crianças
É a vida, é bonita
E é bonita

Viver
E não ter a vergonha
De ser feliz
Cantar e cantar e cantar
A beleza de ser
Um eterno aprendiz

Ah meu Deus!
Eu sei, eu sei
Que a vida devia ser
Bem melhor e será
Mas isso não impede que eu repita
É bonita, é bonita, e é bonita...

O QUE DIZEM DA BIODANZA COM CRIANÇAS?

Depoimento de pais, mães e alunos

"Biodanza é conviver com os outros, saber respeitar e ser respeitado. Acho que mesmo sabendo tudo isso todos deviam fazer Biodanza pois é bom conviver com os outros e conhecer novas pessoas! Sigam meu conselho."

Falado e pensado por Louise Alves de Carvalho, 10 anos.

"Meu filho conheceu a Biodanza aos quatro anos de idade. No momento, apresentava-se como uma criança tímida e introvertida, cujo comportamento interferia, inclusive, em sua expressão na escola. Num período de seis meses, aproximadamente, sua mudança positiva de comportamento era visível, notada pelos familiares, professoras e facilitadoras da Biodanza. Hoje, ele está mais desinibido, expressando-se e se posicionando com segurança, através de atitudes, conseguindo verbalizar, de forma espontânea, seus sentimentos e pensamentos. É admirável sua capacidade de transcendência diante de dificuldades ('Mãe... essas coisas fazem parte da vida...') ou de momentos felizes ('Gente! A vida não é mesmo maravilhosa?!')."

ADRIANA MILAGRES, MÃE DO ARTHUR MILAGRES LOPES, 6 ANOS.

"Biodanza para mim é uma filosofia de vida. Quando minha filha foi concebida eu já fazia aulas regulares há muitos anos, e mantive a prática até os 8 meses de gestação, portanto de alguma forma ela já sentia intraútero os efeitos da nossa participação. Aos dois anos e dez meses ela entrou em um grupo de crianças (ainda usava fraldas!) e os benefícios são tantos que é difícil descrever pois estão muito além do que é notado superficialmente como vencer timidez, socializar etc. No mundo atual podemos aprender quase tudo com auxílio de técnicas apropriadas, mas estamos em uma sociedade deficiente no aprender a ouvir o próprio corpo, no lidar com nossas inúmeras e borbulhantes emoções e sensações, perceber nosso ritmos, e ter a sensibilidade de perceber isso no

outro. Ao ter a sensação de amor vinda do tato, do aninhamento, da roda, a criança torna-se mais segura para ser mais expressiva e hábil para desfrutar a vida. E a Biodanza atua de forma muito direta, com resultados surpreendentes.
Amor, música, pertencimento, confiança, emoções saudáveis curam uma sociedade, e quanto antes melhor!!!"

Claudia Prado Abelha, mãe de Marina Abelha Medina, 6 anos.

"Biodanza para mim é um lugar onde tudo é perguntar a todos. Um lugar, a roda infinita, onde aceitamos a dúvida e a construção de novas respostas a quaisquer consignas. Biodanza é seguir com sentimentos sobre o fio imponderável do tempo, no baile da vida... ouvindo seu coração. Essa é a música do amor."

Mario Medina, pai de Marina Abelha Medina, 6 anos.

"Biodanza é a reconexão com a conexão, na mais pura forma, na leveza e no tempo de cada um. Poder conectar consigo na infância e na pré-adolescência,

onde a pressão familiar vem para "alinhar-nos" pra vida pode ser, para muitos, o "pulo do gato". Sei que foi para mim quando me deparei "fora" dos padrões enquanto estava no grupo de adolescentes em Niterói. Ter tido a oportunidade de ver meus filhos encontrarem a coragem, a compaixão ao próximo ser facilitada e se descobrirem felizes como são, foi ainda um dos meus melhores presentes a eles, e meu Gabriel ainda nem sabe.
Biodanza com crianças faz o mundo melhor! O mundo dos nossos filhos, o nosso mundo. E temos que começar de nós se quisermos mudar o mundo. Estou no Sul da Califórnia, esperando a Biodanza chegar até aqui. Já estamos ao norte, em San Francisco. Aguardar, irei!
A Biodanza em minha vida e de meus filhos – Gratidão eterna! Com amor!"

Dani Alves, mãe de Louise Alves de Carvalho, de 10 anos, e Gabriel Alves de Carvalho, 8 anos.

"Biodanza é legal e ensina muitas coisas para mim, como novas brincadeiras, a ter amigos, a dançar do meu jeito."

Maria Clara Câmara de Medeiros, 7 anos.

"Eu me sinto solta nas danças e gosto muito das aulas de Biodanza. Eu aprendo muitas coisas legais como, por exemplo, a ouvir o outro, a ser ouvida, a respeitar o espaço de cada um e a expressar meus sentimentos. Eu adoro a Biodanza e queria que todos pudessem fazer!"

Fernanda Câmara de Medeiros, 7 anos.

"Eu fico feliz quando vou para a Biodanza para ver meu amigo Arthur e dançar e brincar."

Gabriel Câmara de Medeiros, 4 anos.

"Achei muito legal! Sentia amor e amizade! Gostava muito de cantar as músicas!"

Arthur Milagre Lopes, 6 anos.

"Hoje à noite pedi à minha pequena, Valentina, para fazer um desenho sobre a aula de Biodanza. Primeiro perguntou se não ia dar para ter aulas. Ficou um pouco triste quando lhe expliquei que neste semestre não ocorreriam. Depois disse-me que iria fazer um belo desenho com Julia no centro, cercada de notas musicais. Quando terminou, explicou-me que também tinha colocado um coração de bem-querer. Acho que isso descreve muito bem como minha filha sentiu-se em relação às aulas de Biodanza na Escola Ueriri. Ela e eu (além de outras mães e crianças) desejamos que pudesse ter sido mais do que uma vez por semana. Não deu para viabilizar. Não desistimos – nem eu nem ela – de que isso venha a se materializar. Senti que para minha Valentina a Biodanza dava, sobretudo, felicidade, um sentimento de estar bem, integrada e desejada por si e pelo mundo. Como me dizia, respirava e ouvia melhor, ao escutar a música e a si própria, seus ritmos. Ficava feliz e relaxada. Algo bom, algo suave, que ocorria então – ano passado – num lugar especial como a Ueriri, que acolhe e encontra espaço para cada criança. A Biodanza como que magnificava a proposta, dava ressonância no interior de cada uma delas, seu coração, mente, âmago; em síntese, de poder estar, em tranquilidade, em respiração serena, no mundo de si. Tenho certeza de que a Biodanza foi boa e deu a minha filha momentos de felicidade, integração. Desejo – tenho certeza, na medida em que isso é possível – que o encontro volte a ocorrer num futuro próximo."

IRENE C. M. PORTELA, MÃE DE VALENTINA O'NEILL PORTELA, 7 ANOS.

"A biodanza é aquele lugar que a gente pode correr, dançar e sair voando como um pássaro..."

CLARA HERMIDA, 4 ANOS.

Sobre nós/ palavras das autoras

Beatriz Câmara

Há mais de 20 anos escolhi um caminho profissional que reafirmo diariamente: o de estar educadora, em constante transformação. Apaixonada (essa é a palavra) por tal área do conhecimento, vejo nela uma real capacidade de tocar a alma humana e gerar encontros favorecedores do aprendizado de si, do outro, do mundo e de todo e qualquer conteúdo a que se propuser.

Desde o início da minha graduação em pedagogia, trabalho na área de educação visando a constante relação entre teoria e prática. O caminho percorrido perpassa pela atuação em pesquisas, organizações de jornadas em educação especial, a sala de aula propriamente dita, até o acompanhamento pedagógico individualizado, projeto que desenvolvo, atualmente, atendendo crianças e adolescentes com as chamadas "dificuldades de aprendizagem" e facilitando uma relação mais saudável e prazerosa com o aprender.

Nessas investigações e questionamentos sobre minha prática, fui reelaborando e reconstruindo o meu estar educadora. Muitas dificuldades de aprendizagem passavam pelo viés da "dificuldade" de facilitar o processo de aprendizagem. Não uma questão do aluno. Uma questão do educador. Uma questão minha. Uma questão que urgia mudar.

Com esse sentir, cheguei à escola de Biodanza, numa turma acolhedora, em andamento há oito meses, em plena maratona de identidade. E tamanha foi a minha surpresa chegar naquela sala e ver as pessoas sentadas no chão, em almofadas, despojadas e buscando construir conhecimento por uma ordem inversa à já tão conhecida por todos. Pessoas sem necessidade de estar formalmente em cadeiras apertadas, enfileiradas e preocupadíssimas em responder o "certo". Pessoas que aprendiam não só com a mente mas com cada célula do corpo, incorporando nelas todo o aprendizado vivenciado! Pessoas que abraçavam, sorriam, choravam enquanto aprendiam, porque tudo isso fazia parte do aprendizado. E naquele momento senti: quero estar aqui!

Nessa turma conheci Julia. Ao longo de nossa formação vivenciamos e compartilhamos muitas histórias. Uma amizade baseada em muito cuidado, respeito, confiança foi surgindo no decorrer do processo. E, tempos depois da formação, Julia me convida para montar um grupo de Biodanza para crianças. Eu, apaixonada pela infância, cercada de crianças profissionalmente e mãe de três filhos (que são nossos alunos) sonhei junto!

Assim nasceu nosso primeiro grupo em Niterói. Desse sonho, desse desejo, e com a impreterível e amorosa supervisão de outra grande amiga, minha primeira facilitadora, Denizis Trindade.

Hoje, estamos aqui, eu e Julia, a escrever o primeiro (de muitos, espero) livro, para dividir com cada um de vocês um pouco mais sobre esse trabalho que considero um presente a cada uma de nós e a cada criança e família que possa a ele se entregar.

Uma ferramenta de intenso potencial afetivo capaz de resgatar em nós a espontaneidade e plenitude de ser quem somos, de preferência, desde a mais tenra idade.

Rio de Janeiro, outono de 2018

Julia Rodrigues

Nasci em um berço privilegiado de musicalidade e movimento...

A família de meu pai, Dalmo, era composta por músicos. Meu avô Geraldo tocava piston e compunha; minha avó Iracema cantava igual a um passarinho; e seus irmãos também musicavam: pianista, pistonista, cantores. Meu pai, cantor, compositor, tocador de violão e da vida.

Minha mãe, Angêla, vem de uma família de artistas: tem dramaturgo, desenhista, o meu avô, Sérgio, que era arquiteto e minha avó, Vera, que tinha a magia da culinária de mão cheia. O dramaturgo Nelson Rodrigues era seu tio-avô; Roberto Rodrigues, seu avô, era desenhista de mão cheia. Ela cresceu nesse meio criativo e partiu para estudar História...

Sempre lembro das rodas de violão, dos instrumentos sendo tocados, das risadas gostosas vindas da sala da minha casa. Sempre cheia de pessoas queridas, que fazem parte da minha vida até hoje. Eu normalmente acabava dormindo no colo de alguma delas, porque não queria perder o som... Queria ficar pertinho...

Em meu primeiro contato com a Biodanza, tinha seis anos e já sentia toda a potência transformadora do dançar a vida... Minha família tinha feito Biodanza (meus pais e tios) por um bom tempo... E me levaram para conhecer. Eu lembro bem de sair voando como um pássaro e me aconchegar como um hipopótamo no grupo. A sala era cheia de almofadas, formando uma montanha onde eu podia me jogar, certa de ser acolhida pela facilitadora, Rita, e meus amigos da aula.

Com oito anos fomos morar na Bahia; meus pais, eu e minha irmã. Como foi difícil meu primeiro momento de adaptação por lá... Mas sempre levei dentro de mim esse colo da cantoria, do grupo de Biodanza e das almofadas.

Passada a etapa da adaptação, a Bahia me conquistou, me trouxe um tempero a mais para fazer parte da minha integração. Lá o tempo corre de forma diferente: é possível se fazer tudo e ainda sobra tempo para se descansar naquela brisa que só o Nordeste tem! Hummmm... Pude fazer uma costura em minha vida com um tecido diferente, mais colorido, com movimentos e texturas próprias. Estava na terra da chita, do acarajé e do axé!

Lembro como gostava de admirar os meninos descendo as ladeiras... Eles não caminhavam igual aos cariocas, eles tinham um movimento nos quadris muito bonito de se ver. E percebi: eles desciam dançando... A partir daí me entreguei ainda mais à música e à dança em Salvador. O batuque do Ile Ayê, do *Olodum* e dos *Filhos de Gandhi* tocavam-me de um jeito que minhas células todas dançavam... Eu era embalada pelo ritmo, pelo movimento e pelos sorrisos do povo baiano.

Quando retornei ao Rio, trouxe em minha bagagem sensações que haviam tocado meu coração e todo meu corpo.

O recomeço nas terras cariocas foi difícil, e decidi fazer terapia para ajudar em minha readaptação. Foi então o meu reencontro com a Biodanza! A partir do convite de Dani e Dea, voltei e senti como se tivesse reencontrado comigo mesma. E o mundo voltou a fazer sentido para mim. Nesse mesmo período, aceitei um convite da minha querida tia musicoterapeuta, Adriana Rodrigues, para fazer um estágio em suas aulas de iniciação para crianças. Comecei sem muita pretensão, e acabei me tornando professora de música do Centro Musical Antônio Adolfo. Minha vida tomava novamente um rumo e isso me deixava cada fez mais feliz! A entrega ao mundo da Biodanza com seu acolhimento me fez transbordar em uma vontade de seguir nesse caminho! Fiz minha formação em Biodanza, onde conheci amigos muito queridos, dentre eles Bia (minha parceira como facilitadora de crianças), Rui e Naty (parceiros da vida).

Na formação, senti necessidade de aprofundar meus estudos, e ingressei na faculdade de psicologia. Fiz formação em Arteterapia, seguindo-se a formação com Cecília Luzzi em Biodanza com crianças pela Escuela de Biodanza da Ciudad de Buenos Aires/Argentina; e a Pós-Graduação em Educação Musical pelo Conservatório Brasileiro de Música - Centro Unversitário Foro Latino Americano de Educacíon Musical. Atualmente, sou Educadora Musical e Facilitadora de Biodanza com crianças junto com Bia no Pilates Jardim em Niterói, onde tivemos inicialmente a supervisão da nossa querida Denizis Trindade. Outros grupos estão se formando no Rio de Janeiro: na escola de Biodanza na Barra e na casa Anitcha no Grajaú. Tive também a parceria de Marina nas aulas de Biodanza na creche-escola Ueriri, e no grupo que se está iniciando no Jardim Botânico Rio de Janeiro... E continuo nos estudos e aprendizados da vida!

Rio de Janeiro, outono de 2018

Agradecemos...

A Cecilia Luzzi, pela sensibilidade de fundamentar o método para crianças.

A Hedilane Coelho, por incentivar e acreditar no nosso sonho de levar a Biodanza para as crianças e suas famílias.

A Denizis Trindade, que abraçou nosso convite com tanta competência e amorosidade.

Aos nossos pais, que um dia acolheram, como puderam, a criança que fomos.

Aos nossos companheiros, pais de nossos(as) filhos(as), por dividirem conosco o prazer da presença de nossos(as) pequenos(as) em nossas vidas!

Aos nossos(as) alunos (as) e a todas as crianças do universo.

Aos pais de nossos(as) alunos(as) por acreditarem e confiarem a nós seus mais preciosos frutos.

Beatriz & Julia

REFERÊNCIAS BIBLIOGRÁFICAS

ALVES, Rubem. *Conversas com Quem Gosta de Ensinar.* Rio de Janeiro: Ed. Papirus, 2004.

_____ *A Escola que Sempre Sonhei sem Imaginar que Pudesse Existir.* Rio de Janeiro: Ed. Papirus, 2008.

ARIÈS, Phillippe. *História Social da Criança e da Família.* Tradução Dora Flaksman; 3ª Edição. Rio de Janeiro: Ed. Zahar, 1978.

BARRENECHEA, Miguel. *Fidelidade à Terra. Arte, natureza e política. Assim falou Nietzsche IV.* Rio de Janeiro: Ed. DP&A, 2002 (Orgs).

URNS, Edwards McNall. *História da Civilização Ocidental.* Volume 1; 39ª Edição. São Paulo: Ed. Globo, 1972.

CAVALCANTE, Ruth. *Educación Biocéntrica. Um movimiento de construcción dialógica.* Fortaleza: Ed. CDH, 2004.

FONTES, Ivanise. *Psicanálise do Sensível, fundamentos e clínica.* Ed. Ideias & Letras, 2010.

FREIRE, P. *Pedagogia do Oprimido – Saberes necessários à prática educativa.* Rio de Janeiro: Ed. Paz e Terra, 1997.

FREIRE, Madalena. *A paixão de conhecer o mundo.* Rio de Janeiro: Ed. Paz e Terra. 12ª edição. 1995.

GIDDENS, Anthony. *As Consequências da Modernidade.* 5ª edição. São Paulo: Ed. Unesp, 1991.

GADOTTI, Moacir. *Pensamento Pedagógico Brasileiro*. São Paulo: Ed. Ática, 2006.

GONSALVES, Elisa. *Educação Biocêntrica: O presente de Rolando Toro para o pensamento pedagógico*. João Pessoa: Ed. Universitária UFPB, 2008.

LINS, Regina Navarro. *A Cama na Varanda: Arejando nossas ideias a respeito de amor e sexo*. 8ª edição. Rio de Janeiro: Ed. Rocco, 2000.

NIETZSCHE, Friedrich. *Genealogia da Moral*. São Paulo: Ed. Companhia das Letras, 2001.

_____ *Crepúsculo dos Ídolos*. Rio de Janeiro: Ed. Relume-Dumará, 2000.

_____ *Ecce Hommo – Como alguém se torna o que é*. São Paulo: Ed. Companhia das Letras, 2007.

_____ *Assim Falou Zaratustra*. Rio de Janeiro: Ed. Martin Claret, 2005.

_____ *A Gaia Ciência*. Rio de Janeiro: Ed. Martin Claret, 2004.

_____ *Escritos sobre Educação*. Rio de Janeiro: Ed. PUC, 2007.

SANTOS, Boaventura S. *Um Discurso sobre as Ciências*. São Paulo: Ed. Cortez, 1987.

TAPSCOTT, Don. *Geração Digital: A Crescente e Irreversível Ascensão da Geração Net*. São Paulo: Ed. Makron Books, 1999.

TORO, Rolando. *Biodanza*. 2ª edição. São Paulo: Ed. Olavobrás/ EPB, 2005.

_____ *Teoria da Biodanza - Coletânea de Textos*. Fortaleza: Ed. AIAB. 1991.

WINNICOTT, D. *O Brincar e a Realidade*. Rio de Janeiro: Imago, 1971.

_____ *O Ambiente e os Processos de Maturação*. Porto Alegre: Artmed, 1983.

MONOGRAFIAS, TESES E APOSTILAS

CÂMARA, Beatriz e MOTTA, Simone. *Da Lagarta à borboleta: a Biodanza como ferramenta na construção do educador biocêntrico*. Monografia apresentada para conclusão da formação de Biodanza - Associação Escola de Biodanza Rolando Toro do Rio de Janeiro. RJ. Orientadora: Hedilane Alves Coelho, 2015.

CAVALCANTE, Ruth. *Apostila do curso de formação em Educação Biocêntrica*. Rio de Janeiro, 2014.

GONSALVES, Elisa . *Apostila do curso de Educação Biocêntrica*. Rio de Janeiro, 2011.

LEMOS, Sanclair. *Apostilas diversas do curso de formação em facilitadores de Biodanza*. Rio de Janeiro, 2007.

LUZZI, Cecilia. *Apostila do curso de formação de Biodanza en Educación Infantil: Biodanza aplicada a niños de 3, 4 y 5 años*. Con la colaboración de la prof. Itziar Espinal. Escuela de Biodanza Ciudad de Buenos Aires, abril de 2015.

RODRIGUES, Julia. *Instintos*. Monografia apresentada para conclusão da formação de Biodanza - Associação Escola de Biodanza Rolando Toro do Rio de Janeiro. RJ. Orientadoras: Andrea Zattar e Danielle Tavares, 2013.

MOTTA, Marlise. *"Identidade e realização: o professor e o ator"*. Tese de mestrado em Educação. UFF, 1977.

TEIXEIRA, Otton da S.F. *A Biodanza como Afirmação da Vida*. monografia. IBF – Associação Escola de Biodanza Rolando Toro do Rio de Janeiro. Rio de Janeiro, 2008.

TORO, Rolando. *Apostila de Aspectos Psicológicos*. Associação Escola de Biodanza Rolando Toro do Rio de janeiro. IBF-*International Biocentric Foundation*–2008. Site: www.biodanza.org

_____ *Apostilas do curso de formação para facilitadores de Biodanza*. Rio de Janeiro, 2008.

Sites
www.biodanza.org
(acesso 30.10.2017)

http://www.pensamentobiocentrico.com.br
(acesso 10.11.2017)

Edição e publicação de livros
que venham contribuir para o bem estar,
alegria e crescimento de todos os seres.

semente ◯ editorial

Conheça nosso catálogo em:
www.sementeeditorial.com.br